LA
SCULPTURE

AUX SALONS DE 1881, 1882, 1883

ET

A L'EXPOSITION NATIONALE DE 1883

PAR

HENRY JOUIN

LAURÉAT DE L'INSTITUT
(ACADÉMIE FRANÇAISE ET ACADÉMIE DES BEAUX-ARTS)

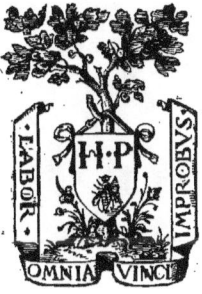

PARIS
LIBRAIRIE PLON
E. PLON, NOURRIT et Cie, IMPRIMEURS-ÉDITEURS
RUE GARANCIÈRE, 10

1884
Tous droits réservés.

LA SCULPTURE

AUX SALONS DE 1881, 1882, 1883

ET

A L'EXPOSITION NATIONALE DE 1883

L'auteur et les éditeurs déclarent réserver leurs droits de traduction et de reproduction à l'étranger.

Ce volume a été déposé au ministère de l'intérieur (section de la librairie) en mai 1884.

DU MÊME AUTEUR :

HISTOIRE ET CRITIQUE.

David d'Angers, sa vie, son œuvre, ses écrits et ses contemporains. Deux portraits du maître d'après Ingres et Ernest Hébert, de l'Institut. 23 planches et un *fac-simile* gravés par A. Durand. — *Ouvrage couronné par l'Académie française.* 2 vol. grand in-8° vélin. — Prix : 50 fr. — Exemplaires sur papier de Hollande. — Prix : 200 fr.

Antoine Coyzevox, sa vie, son œuvre et ses contemporains, précédé d'une étude sur l'*École française de sculpture avant le dix-septième siècle.* — *Ouvrage couronné par l'Académie des Beaux-Arts.* — 1 vol. in-12. — Prix : 3 fr.

Conférences de l'Académie royale de Peinture et de Sculpture, recueillies, annotées et précédées d'une étude sur les *Artistes écrivains.* — 1 vol. grand in-8°. — Prix : 10 fr.

La Sculpture en Europe, précédé d'une conférence sur le *Génie de l'Art plastique.* — 1 vol. grand in-8°. — Prix : 6 fr.

La Sculpture au Salon de 1873, précédé d'une étude sur l'*Œuvre sculptée,* grand in-8°. — Prix : 2 fr.

La Sculpture au Salon de 1874, précédé d'une étude sur le *Marbre,* grand in-8°. — Prix : 2 fr.

La Sculpture au Salon de 1875, précédé d'une étude sur le *Procédé,* grand in-8°. — Prix : 2 fr.

La Sculpture au Salon de 1876, précédé d'une étude sur la *Statue,* grand in-8°. — Prix : 2 fr.

La Sculpture au Salon de 1877, précédé d'une étude sur le *Groupe,* grand in-8°. — Prix : 2 fr.

La Sculpture au Salon de 1878, précédé d'une étude sur le *Buste,* grand in-8°. — Prix : 2 fr.

La Sculpture au Salon de 1879, précédé d'une étude sur le *Bas-relief,* grand in-8°. — Prix : 2 fr.

La Sculpture au Salon de 1880, précédé d'une étude sur les *Pierres gravées,* grand in-8°. — Prix : 2 fr.

Hippolyte Flandrin. — Les Frises de Saint-Vincent de Paul. — Conférences populaires. — Grand in-8°. — Prix : 1 fr. 50.

POÉSIE.

L'Ardoise, poésie dite par mademoiselle Reichenberg, de la Comédie française. — Prix : 1 fr.

INVENTAIRES, LIVRETS.

Histoire et description de l'Arc de triomphe de l'Étoile. — Prix : 1 fr. 50.
— **L'Arc de triomphe du Carrousel.** — Prix : 1 fr. 50.
— **Colonne de Juillet.** — Prix : 1 fr.
— **Colonne de la Grande Armée,** place Vendôme. — Prix : 1 fr. 50.

Portraits nationaux. — Notice historique et analytique des peintures, sculptures, tapisseries, miniatures, émaux, dessins, etc., exposés dans les galeries des Portraits nationaux au palais du Trocadéro, en 1878. — 1 vol. in-8°. — Prix : 3 fr.

Musée d'Angers. — Notice historique et analytique des peintures, sculptures, cartons, miniatures, gouaches et dessins. Collection Bodinier. Collection Lenepveu. Legs Robin. Musée David. 2e édition, avec un supplément. In-12, XVI-304 p., orné d'un portrait de David d'Angers. — Prix : 1 fr. 50.

PARIS. — TYPOGRAPHIE E. PLON, NOURRIT ET Cie, RUE GARANCIÈRE, 8.

LA SCULPTURE

AUX SALONS DE 1881, 1882, 1883

ET

A L'EXPOSITION NATIONALE DE 1883

PAR

HENRY JOUIN

LAURÉAT DE L'INSTITUT
(ACADÉMIE FRANÇAISE ET ACADÉMIE DES BEAUX-ARTS)

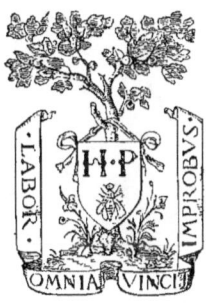

PARIS
LIBRAIRIE PLON
E. PLON, NOURRIT et Cie, IMPRIMEURS-ÉDITEURS
10, RUE GARANCIÈRE
—
1884
Tous droits réservés

LA

SCULPTURE ET L'ÉTAT

LETTRE A UN CRITIQUE D'ART

Mon cher ami,

Je reçois votre lettre en rentrant de ma première visite au Salon de 1884.

Vous ne pouviez m'écrire plus à propos.

Au moment d'envoyer ce court volume à l'impression, j'éprouvais le besoin de l'accompagner d'une préface. Me sentant pressé, j'allais l'écrire en vers, afin de m'épargner la peine de construire ma phrase. Déjà, sur une large feuille de vélin satiné, presque transparent, j'avais tracé, en caractères larges, solides, d'une parfaite netteté, ces deux mots :

AU SCULPTEUR.

Ainsi Molière, lorsqu'il offrait ses chefs-d'œuvre au grand Condé, écrivait jadis :

A Son Altesse Sérénissime Monseigneur le Prince.

Cela fait, je vis se dresser devant moi cette petite chose revêche et tortue dont parle Pope, c'est-à-dire un point d'interrogation. Ferai-je une préface, ou une dédicace ? — L'un ou l'autre. Écrivons toujours.

Et, me plaçant par la pensée en face de l'artiste impersonnel auquel je voulais m'adresser, j'évitai de me souvenir de la première scène d'*Amphitryon*, bien que mon regard demeurât imperturbablement fixé sur mon encrier, comme le regard de Sosie sur sa lanterne, et je commençai :

> Maître, c'est la douzième année
> Que, l'âme fière du lien
> Qui m'attache à ta destinée,
> Je me fais ton historien...

Ce début ne me parut pas déplacé. Il est honnête, courtois, un peu grave, et j'en étais assez satisfait, parce que j'avais su y glisser un « Avis au sculpteur », à savoir que depuis 1873, j'ai publié l'histoire du Salon de sculpture ; que je ne me connais guère d'imitateurs dans cet ordre de publications, et que si les sculpteurs ne se doutent pas de l'attachement que je leur témoigne avec tant de fidélité, peut-être n'est-il pas indiscret de le leur rappeler à l'oreille !

J'allais poursuivre, lorsque votre lettre m'arriva. Vous me demandez, mon cher ami, de vous dire quelles raisons me portent si fréquemment à parler sculpture.

Je vous répondrai bien volontiers. Mais, en ce siècle, une épître paraîtrait prétentieuse. Je laisse de côté l'hémistiche. Parlons en prose.

Eh bien, oui, lorsque j'entre dans une exposition, je vais droit aux sculpteurs.

Pourquoi ?

Parce que la sculpture est le *criterium* le plus juste de la situation d'une école.

Les peintres, privilégiés entre tous, puisent de toutes

mains aux sources les plus diverses. La ligne et la couleur, les scènes religieuses et historiques, le drame intime, la fiction, la montagne, l'Océan, l'arbre, la fleur, appartiennent au peintre. Sa palette audacieuse traduit ce que le poëte estime intraduisible dans sa splendeur changeante : la lumière. Et, selon que les maîtres de Venise, de Rome, d'Anvers ou de Madrid ont fixé la lumière avec des gammes différentes, ces maîtres ont fait école, et des disciples qu'ils n'espéraient pas se pressent en groupes serrés depuis des siècles sur leurs traces glorieuses. Le même peuple, la même génération comptent aujourd'hui des artistes de mérite qui vivent côte à côte et veulent être tributaires de maîtres disparus, aux doctrines très-distinctes, parfois opposées. C'est pourquoi le critique, soucieux de rendre un jugement vrai, désintéressé, à l'abri de toute surprise sur l'école dont il va parler, doit interroger les sculpteurs.

La sculpture vit de synthèse.

Ses sources sont la nature et l'antique. Mais, à la différence du peintre, le statuaire ne voit dans la nature que le sommet rayonnant de la création, c'est-à-dire l'être souverain, créé à l'image de Dieu : l'homme.

C'est la forme humaine qui est le thème éternel de ses grandes conceptions.

Et telle est l'eurythmie de cette forme que, depuis Phidias, le génie s'est agenouillé devant elle dans une contemplation toujours féconde. C'est la forme humaine enveloppée d'un manteau d'âme — selon la belle parole d'un ancien — que le statuaire épelle avec ravissement; c'est la forme humaine qu'il essaye de pétrir entre ses doigts infirmes pendant ses heures d'inspiration. Qu'est-ce que l'audace de ce héros de la Fable qui avait voulu dérober le feu du ciel? Qu'est-ce que le récit ingénieux d'Hésiode montrant Prométhée qui atteint au char du soleil et y prend le feu sacré? Qu'est-ce que ce poëme doré, mais sans fondement, auprès du travail quotidien du sculpteur qui se baisse, saisit un peu d'argile, la mouille, l'assouplit et, à l'exemple du Créateur aux jours lointains de l'Éden, façonne un être radieux avec du limon?

Le sculpteur est l'imitateur de Dieu.

Ai-je tort, dites-moi, de prétendre que la sculpture est un art de synthèse? Un modèle, qui est l'homme, est le perpétuel objet de l'étude du sculpteur. Ses procédés sont demeurés ce qu'ils étaient à l'origine des temps. L'outil du statuaire, c'est sa main. Aucune découverte, aucun progrès des sciences ne lui ont profité. Les couleurs à l'huile, les vernis, tout ce qui a révolutionné l'art du peintre depuis quatre ou cinq siècles, n'ont pas leurs équivalents dans l'histoire de l'art du sculpteur. De la glaise et un roseau, du marbre et un bout de fer, tels sont les auxiliaires du génie dans le domaine plastique. Ce furent ceux de Praxitèle et de Michel-Ange. Rude et Thorvaldsen n'en connurent pas d'autre, et l'homme heureux qui naîtra demain pour recueillir la royale succession des maîtres de la sculpture, quel que soit le ciel qui l'abrite, usera comme eux de ces outils grossiers, sans valeur, qui laissent à l'artiste éminent tout l'honneur de sa création.

C'est donc la forme humaine sous son aspect élevé qu'il faut chercher dans l'œuvre du sculpteur. Assurément, des esprits distraits ou vulgaires goûteront avec peine un art fait de sévérité, de grandeur, d'idéal.

Il doit en être ainsi.

Généralement, les gens du peuple ne lisent pas Homère. Tenterez-vous de réagir là contre? Essayerez-vous de « vulgariser » l'*Iliade* afin de lui gagner des lecteurs? Quel sacrilége! N'est pas de sang royal qui veut. Homère ne doit pas être mutilé, déformé, amoindri. Que ceux qui ne le peuvent comprendre s'abstiennent, et voilà tout. N'y eût-il que cent mille hommes sur la surface du globe en mesure d'être émus par les larmes du vieux Priam, je demanderais encore que l'on respectât Homère.

Ainsi de la sculpture.

On répète, non sans raison, que le public n'aime pas la sculpture, et qu'il la comprend peu. Je ne suis pas absolument de cet avis, et en admettant même qu'il y ait un certain fonds de vérité dans cette parole si généralement admise par ceux qui ne pensent pas et ne se donnent point la peine de remonter aux causes, je ferais volontiers les gouvernements responsables d'une défaveur contre laquelle ils ont le devoir de réagir.

Tout s'enchaîne dans une société. Mais voilà que nous parlons d'art, et je me sens tenté de faire une échappée sur le domaine de l'économie politique. Cela vous effraye? Vous semblez dire que vous ne me suivrez pas. J'ai cru surprendre la petite moue que vous venez de faire du coin des lèvres. Vous ne voulez pas que nous parlions, ne fût-ce que deux minutes, d'économie sociale ou politique. Vous avez bien raison, mon ami, voilà une science qu'il ne faut pas nommer si l'on ne veut pas être taxé de pédanterie! L'économie politique! Mais on la redoute autant que la sculpture... sinon plus! Nous n'en parlerons pas. Je vais prendre un chemin détourné, bien couvert, pour arriver à mon but. Vous allez me suivre sans vous douter de rien, et s'il m'arrivait de poser le bout du pied sur la lisière du terrain défendu, ce ne serait que l'affaire d'un instant.

Aussi bien, je le reconnais, j'avais tort. Si je ne m'étais pas retenu, n'allais-je pas vous dire mon avis sur la liberté de tester! Fi donc! La liberté de tester! Je vous demande ce que la liberté de tester peut bien avoir de commun avec la sculpture. Il n'est pas permis de parler dans une lettre sur l'art de la liberté de tester.

Vous avez raison. N'en disons mot.

Mais vous ne m'en voudrez pas de constater que le droit moderne, basé sur un principe d'égalité, consacre la division de la fortune d'un pays. Où sont aujourd'hui les dépositaires de la richesse? Partout et nulle part. Tous, nous avons bénéficié peut-être d'une nouvelle répartition de la fortune, mais il n'y a plus en France de grands seigneurs, à part quelques rares exceptions; on ne construit guère de palais ou de châteaux; ceux que nous admirons, c'est la Renaissance, ce sont les seigneurs des dix-septième et dix-huitième siècles qui les ont élevés. Depuis cent ans, je le veux, l'habitation humaine s'est faite plus commode, plus confortable, plus luxueuse peut-être que dans le passé, mais on l'a resserrée. Aux demeures de nos pères ont succédé ces réduits étroits qu'on appelle « un appartement ».

Nous n'avons plus où placer dans l'« appartement »

le marbre spiritualiste, grandiose et souverain que sa blancheur idéale fait semblable à quelque apparition d'un monde supérieur. Nous n'avons plus de place ! parce que l'espace, comme la fortune, est morcelé. Et ce morcellement, mon ami, existait-il lorsque le chef de famille était en possession de ce droit, de cette liberté dont l'Angleterre ne s'est pas dessaisie, le droit et la liberté de tester ?

Pardon, je vous avais promis de ne plus parler économie. Je reviens au statuaire.

Où sont les jours où les sculpteurs de Rome et de Florence étaient honorés, comblés de gloire et de richesses par les pontifes et les princes, pour peu qu'ils fissent preuve de génie ? Où sont les jours où la France de Louis XIV applaudissait Colbert levant une armée de sculpteurs qu'il envoyait aux chantiers du Louvre, des Invalides, des Gobelins, de Marly et de Versailles ? En ce temps-là, l'art plastique vivait. Sans égaler l'antique, il suivait une voie nouvelle pleine de succès, d'œuvres saines et viriles, manifestations savantes ou gracieuses d'une pensée demeurée jeune, alerte, fertile et noble.

Ces temps sont loin. Le jour tombe, l'ombre grandit, il fait froid sous le ciel d'Europe pour la sculpture. J'entends dire que plus d'un statuaire a faim... Et ne croyez pas que ce soient seulement des manœuvres, des tailleurs de marbre, des praticiens vulgaires qui aient faim. Il y a parmi les délaissés plus d'un homme de talent

Le talent ! Mais c'est précisément ce qui parfois éloigne. Le talent vit de respect. Or, les ignorants, les dédaigneux de l'art, du beau, de l'idéal, ne veulent pas de cet homme respectueux de la nature, respectueux de la tradition qui traite le marbre, la forme humaine, la pensée comme un joaillier son diamant.

Quelle issue? Une seule.

Les États ont charge d'art.

Ne laissez pas le sculpteur tributaire d'un public qui a désappris la forme et l'idée. Ne faites pas de l'art plastique le client d'une opinion qui s'éloigne de lui, car cet art divin s'abaissera. Il fera des concessions. Vous le surprendrez flattant le goût public dans ses instincts bourgeois, sans noblesse, sans dignité.

Alors, où sera l'œuvre de l'Éden reprise par le statuaire au temps de sa pleine liberté? Où seront les marbres d'Athènes? Où les chefs-d'œuvre de l'immortel Michel-Ange et de Jean de Bologne?

Le seul riche aujourd'hui, c'est l'État, c'est le Gouvernement qui détient le pouvoir et administre la fortune publique. Lui seul, en France du moins, possède des palais. C'est donc à l'État qu'incombe le soin glorieux d'être le Mécène des arts méconnus ou dédaignés.

A lui de maintenir l'inspiration, à lui d'encourager par des travaux de grand style les maîtres d'œuvres que ne recherche plus le peuple oublieux du Beau.

Le budget de l'État ne porte-t-il pas un nom plein de promesses : le Trésor!

O vous qui de vos mains puissantes pouvez puiser dans le Trésor, soyez généreux, soyez grands! Ne donnez pas toujours à la force sans donner à l'idée. Oubliez la matière pour vous laisser ravir par les clartés invisibles, mais réelles; soyez les défenseurs des séductions de l'art, et l'art qui est l'un des souverains de ce monde, parce qu'il est la splendeur de la vérité, l'art vous rendra dans la paix et l'ennoblissement de la nation ce que vous lui aurez accordé. Vous percez des squares et des avenues, ô gouvernants! c'est bien. Mais l'air respirable n'est pas tout...

> Allez, multipliez les marbres
> En un sublime entassement;
> L'art, bien mieux que l'ombre des arbres,
> Mêle au repos l'enseignement.

C'est trop déjà que, devant des découvertes modernes qui n'ont ni son mérite ni sa durée, la gravure en taille-douce ait succombé. Le lithographe, le photographe, l'aqua-fortiste vivent et prospèrent, mais où est le graveur? Ne nous exposons pas, par un abandon qui serait une faute, à dire dans vingt ans : « Où est le sculpteur ? »

Il en sera de la sculpture comme de la glyptique partout où l'État se désintéressera d'un art que le public ne comprend plus et ne peut encourager. Il est donc du devoir des Gouvernements de se préoccuper de l'art plastique, comme il est du devoir des statuaires de ne pas fronder l'État sous un faux prétexte d'indépendance.

A quoi bon des Sociétés libres, des Salons libres, si cette liberté bruyante, plus apparente que réelle, doit aboutir à éloigner l'État d'un groupe d'artistes qui ne trouveront d'appui que dans l'État?

Loin de nous la pensée de rêver pour le Gouvernement une sorte de tutelle sur l'école. Ce que nous souhaitons, c'est que le pouvoir se pénètre de la nécessité de seconder les statuaires par des œuvres monumentales, éloquentes, nombreuses. Il y va de notre gloire à nous, peuples modernes qui, sans y prendre garde, nous laissons envahir par la vapeur, par l'électricité, par l'agiotage, tandis que s'éteignent près de nous dans l'inaction ces hommes d'enseignement, ces auxiliaires habiles, ces charmeurs divins dont les poëmes, fussent-ils devenus frustes et mutilés, ne cessent d'enchanter : les sculpteurs.

Je vous ai répondu. Vous savez maintenant quelles raisons m'inclinent à parler sculpture. La noblesse de cet art, le péril que lui fait courir l'émiettement de la richesse, l'obligation pour l'État de se préoccuper, non pas du sculpteur, mais de l'art du sculpteur, tels sont les véritables motifs qui me déterminent à ne pas déserter la cause de la sculpture.

Si vous m'approuvez, faites mieux que moi. Défendez ce grand art avec un talent que je n'ai pas.

Bien à vous. H. J.

LA SCULPTURE

AU SALON DE 1881

I

Vous savez la nouvelle, la grande nouvelle : la République des arts est fondée en France. Elle a ses députés élus par le suffrage direct, et l'État, c'est-à-dire le Gouvernement, a dû rester à l'écart pendant que les artistes élaboraient, non sans peine, une Constitution.

A les entendre, c'était l'âge d'or qui allait se lever sur les ateliers.

Plus de tutelle, plus d'appui, plus d'encouragements de la part du pouvoir politique. « Moi seul, et c'est assez », disait secrètement chacun des affranchis, car, en vérité, nos maîtres d'œuvres se sont tout à coup avisés que l'organisation nouvelle équivalait pour eux à un affranchissement.

Mais l'usage de la liberté ne s'improvise pas, l'erreur est la faute commune aux hommes qui ont le droit de tout oser. Nous avons la preuve de cette vérité dans les réformes opérées hier à l'occasion du Salon.

Tout d'abord il semblait naturel que les artistes, résolus à ne plus relever que de l'opinion publique, s'estimassent heureux du voisinage des porte-voix de l'opinion. L'État, mis en quarantaine, ayant le droit de ne plus acquérir les chefs-d'œuvre peints ou sculptés, le public devenait le grand protecteur des artistes. Or, le public, de lui-même, n'a pas de pensée. Il est au premier chef un être enseigné. C'est l'enfant à l'état collectif, l'enfant perpétuel qu'un précepteur infatigable doit instruire et diriger à toute heure. Le public a les yeux éteints comme le vieil Œdipe, et l'Antigone qui le conduit, c'est la presse.

Autrefois, avant l'abolition de l'esclavage... pardon! l'an passé, avant que le ministère des Beaux-Arts se fût désintéressé du Salon en face de l'attitude des artistes, les critiques d'art avaient place dans le jury; cette année, foin des critiques d'art! MM. Charles Blanc, Paul Mantz, de Saint-Victor, Charles Clément, évincés.

A votre aise, messieurs les artistes. Toutefois, si la critique vous dédaigne à son tour, si la presse vous oublie, s'il n'y a pas, en un mot, solidarité, sympathie, dans la mesure où elles vous seraient utiles, entre le journal et l'art, ne vous en prenez qu'à vous-mêmes. Le journal a ses affaires urgentes, il a les Chambres, la Tunisie, le sport, la mode, la finance qui se réclament de lui avec instances. Apparemment, l'art peut attendre, puisqu'il tient en doute la compétence du journal et repousse les critiques?

Ah! si Diderot vivait encore!

En règle avec les amis du dehors, les artistes, par un trait de génie que bien des législateurs n'auraient pas trouvé, ont ainsi formulé le premier article de leur constitution:

« Nul n'est exempt devant le jury. »

Cela peut s'entendre de bien des façons; mais plus on retourne cette petite phrase, et plus elle prend la forme d'un jouet explosible. « Nul n'est exempt devant le jury. » Cela veut dire assurément que les membres de l'Institut, les hommes les plus capables, ceux qui ont fait école, les vétérans, les initiateurs, les maîtres en un mot, seront tenus, s'ils veulent exposer, de s'incliner devant leurs élèves de la veille. Qu'importe la tradition ? C'est le goût du moment qui règne. Tant pis pour les vieux maîtres dont le style ne s'est pas assoupli, adapté au caprice d'aujourd'hui. « Nul n'est exempt devant le jury », et tel artiste qui vient de faire pénétrer au Salon de 1881 un groupe ignoble, repoussant, ordurier, que je ne voudrais pas voir dans ma basse-cour, sera peut-être demain membre du jury et discutera l'admission de telle œuvre de MM. Chapu, Guillaume, Thomas, Paul Dubois.

Ce « Nul n'est exempt devant le jury » est le soufflet des médiocres aux hommes de mérite.

Ne demandez pas après cela si les artistes sont contents des artistes.

Non.

L'irritation, pour être détournée, n'a rien perdu de son intensité. Elle est toujours profonde, et quand les élus du suffrage universel vont s'ériger en distributeurs des récompenses, on peut prédire, sans être prophète, que les murmures éclateront de toutes parts. Le feu couve secrètement, mais l'incendie est proche, et la conclusion nécessaire, fatale, de cet état de choses sera le retour aux mains de l'État de la direction des Salons. Ce jour-là, l'ostracisme qui pèse sur les écrivains d'art aura cessé, et d'un trait de plume disparaîtra du règlement le fameux : « Nul n'est exempt devant le jury. » Ce jour-là, les artistes battront des mains, et ils n'auront pas tort, car, si rigides qu'ils se soient montrés cette année, quelques réformes qu'ils aient introduites dans le gouvernement de l'Exposition, le succès n'aura pas répondu à tant d'efforts.

Le Salon de 1881 manque de relief.

Les incidents qui ont marqué le double vote relatif à la

médaille d'honneur dans la section de sculpture sont un indice. Aucune œuvre plastique ne prime avec éclat au Salon de 1881. De là l'hésitation des votants.

En vain, la légalité du premier scrutin ayant été contestée, a-t-on renouvelé l'épreuve; elle ne parut pas encore décisive. Une seconde protestation, tout aussi motivée que la première, fut remise entre les mains des administrateurs du Salon. Elle était signée d'artistes sérieux, en possession d'un talent reconnu et d'une juste célébrité, tels que MM. Delaplanche, Boisseau, Captier, Dampt. Les réclamants n'obtinrent pas gain de cause.

II

M. Gautherin : le *Paradis perdu*. — M. Allar : la *Mort d'Alceste*. — M. Guillaume : *Andromaque*. — M. Idrac : *Salammbô*.

Est-ce à dire qu'en l'absence d'une œuvre vraiment supérieure, de nature à provoquer ce que Jouffroy appelle si justement l'exclamation de l'esprit, il n'y ait pas au Salon de sculpture de 1881 un nombre satisfaisant de statues et de bustes sagement conçus et de belle exécution ? Gardons-nous de le penser. M. Gautherin réclamerait, et avec raison, si je m'avisais de dire que son groupe *le Paradis perdu* n'est pas une page de bon style. Cette composition nous est connue depuis le Salon de 1878, mais le marbre a parachevé le drame de l'Éden en idéalisant les personnages. Adam n'a pas désespéré de la vie. Pour grande que soit sa douleur, il garde une attitude résolue. Le regard fixe, il semble scruter l'avenir. Très-différente est sa compagne, dans l'anéantissement de la honte et de l'effroi. Réfugiée aux pieds de son défenseur, elle nous apparaît tremblante, terrifiée. Ainsi M. Gautherin a-t-il cherché l'équilibre linéaire et plus encore la juste pondération de deux sentiments distincts, exprimés avec énergie et avec retenue. Nous ne trouvons à reprendre dans ce groupe que le visage d'Ève, traité, ce nous semble, trop sommairement; mais, si l'artiste le veut, cette lacune n'est pas irréparable.

« Il n'y a de grand que ce qui souffre », a dit un sculpteur, et cette parole se vérifie tous les jours pour quiconque analyse les monuments sculptés. La *Mort d'Alceste*, par M. Allar, est l'expression d'une torture morale noblement rendue. Alceste est étendue sur un fauteuil antique ; elle vient de rendre le dernier soupir, et ses enfants, anxieux, tendent leurs petits bras vers la morte. Au point de vue de l'idée, nous avons le droit de regretter que la pose d'Alceste n'indique pas nettement la mort. Nous nous souvenons de certaine figure d'Agrippine assise à laquelle nous pourrions comparer la statue d'Alceste. Ce n'est pas une critique que nous formulons. Les grandes sources de l'art statuaire chez les modernes seront toujours la nature et l'antique. Or, M. Allar s'est inspiré de la nature autant que de l'antique dans la composition de son groupe, mais il eût dû ne pas oublier que la pose d'un personnage mort se confond aisément avec celle d'un personnage endormi, si l'artiste se contente d'asseoir son modèle. Tel est le cas dans lequel s'est placé M. Allar. Nous ajouterons que l'examen de son groupe dans les détails est chose difficile si l'on ne change de point de station. Le sculpteur pouvait empêcher qu'il en fût ainsi en substituant le bas-relief à la ronde bosse. Mais l'œuvre est faite, elle reparaît sous nos yeux pour la seconde fois; elle est définitive. Ne regrettons pas ce qui lui manque, constatons plutôt que le marbre en est fin, souple, élégant et sévère. Un peu d'air à la base eût ajouté de la couleur à cette œuvre distinguée, mais la trilogie douloureuse d'Alceste et de ses deux enfants fait honneur au statuaire qui l'a signée.

Avec un accent que bien peu parmi nos sculpteurs savent trouver, M. Guillaume a modelé l'image d'*Andromaque*. La veuve d'Hector est assise. Elle tient Astyanax sur ses genoux, mais la vue de son enfant ne suffit pas à calmer sa douleur, son visage est empreint d'une morne tristesse; de longs voiles enveloppent la fille du roi de Thèbes et tombent jusqu'à terre; sa main languissante tient une couronne funèbre. L'œuvre est d'un penseur et d'un artiste. En présence de ce groupe recueilli et muet, dont les lignes et les saillies font silence, on songe invinciblement au sort qui attend ces deux êtres maintenant que le bras d'Hector ne les protége plus. Astyanax, sculpté avec un goût exquis, est posé d'une façon tout à fait gracieuse. Le bras d'Andromaque, au point de vue plastique, est une œuvre de maître. La puissance et la distinction du modelé rappellent l'art romain. Si nous avions une critique à émettre, elle porterait sur les plis légèrement cherchés qui entourent le front d'Andromaque. Il nous semble que plus de simplicité dans cette partie du travail ajouterait à l'harmonie générale et au caractère du groupe de M. Guillaume. D'ailleurs, nous ne jugeons que le plâtre, et avant que l'artiste ait traduit en marbre son travail, il l'aura modifié, selon sa coutume, avec sévérité.

Où chercher les disciples de M. Guillaume au Salon? Ils sont rares. Ceux de M. Paul Dubois sont plus nombreux. Le premier s'est imprégné de l'antiquité romaine; le second a cherché ses modèles au temps de la Renaissance italienne. L'un est plus grave; l'autre plus séduisant. L'art romain, comme l'art grec, permet à un homme de notre temps de se nourrir de sa séve sans rien perdre de son génie propre, de son individualité. La Renaissance exige plus de sacrifices. Quiconque veut vivre des sculpteurs du seizième siècle doit abdiquer. Personne n'a mis plus de grâce que M. Idrac dans son abdication. Sa statue de *Salammbô* est jolie. La jeune femme tient un serpent. « Elle approchait, a dit Flaubert, cette petite gueule triangulaire jusqu'au bord de ses dents, et, en fermant à demi les yeux, elle se renversait sous les rayons de la lune, et il serrait contre elle ses noirs anneaux tigrés de plaques d'or. » Nous reconnaissons volontiers que l'œuvre de M. Idrac est loin d'être banale, mais sa statue n'a cependant rien de personnel.

III

M. Pilet : *Bethsabée*. — M. Captier : *Diane*. — M. Coutan : *Éros*. — M. Dampt : *Saint Jean*. — M. Darcq : *Vulcain*. — M. Cordonnier : *Salomé*. — M. Marquet de Vasselot : le *Matin;* le *Soir*. — M. Gérome : *Anacréon, Bacchus et l'Amour*.

La *Bethsabée* de M. Léon Pilet est d'un style robuste. Le modelé n'est guère moins savant que chez M. Idrac, et l'influence étrangère est moins visible. Les draperies, la pose de *Bethsabée* révèlent chez M. Pilet une étude prolongée. L'artiste est en progrès sur les œuvres exposées par lui depuis 1873.

Un statuaire dont l'habileté de main est des plus grandes, c'est M. Captier. Sa figure de *Diane* exposée au Salon de 1880 reparaît cette année. L'artiste l'a traduite en bronze. N'importe. Quelque ingrate que soit la teinte sous le jeu de la lumière, le travail sobre de M. Captier n'a rien perdu de son aspect décoratif à la métamorphose qu'il vient de subir.

Ce n'est pas en marbre que nous aurions imaginé la figure d'*Éros,* par M. Coutan. Le jeune dieu, debout sur des nuages, s'apprêtant à tirer une flèche de son carquois au moment où il va poser le pied sur la terre, inquiète par sa silhouette instable. Il semble que la statue n'ait aucune solidité; partant, pas de durée. Pourquoi l'œuvre hardie et originale de M. Coutan n'est-elle pas en bronze?

M. Dampt vient d'obtenir une première médaille pour sa statue de *Saint Jean*. Succès oblige. Cet artiste, on s'en souvient, a exposé en 1879 une délicate figure d'*Ismaël*. L'œuvre nouvelle qu'il envoie au Salon n'est pas inférieure à la première, et ce qui nous donne espoir dans l'avenir de M. Dampt, c'est l'effort manifeste dont il témoigne pour traduire une nuance, une forme indécise qui l'attire et le captive. Nous voulons voir plus qu'un caprice dans cette tendance.

Un débutant, M. Darcq, envoie une statue vigoureuse de *Vulcain* fabriquant le casque d'Achille. Cet artiste n'est point tombé dans l'erreur qui eût séduit tant de naturalistes : son dieu forgeron ne boite pas. M. Cordonnier expose une *Salomé* en haut-relief qui n'attend que le marbre pour être très-remarquée.

Deux marbres finement travaillés, ce sont les statues de *Matin* et du *Soir* de M. Marquet de Vasselot. Le *Soir* ne le cède pas pour l'harmonie des contours, la vérité de l'expression, à cette ravissante et populaire allégorie de la *Nuit* de Thorvaldsen.

M. Gérome a sculpté un groupe curieux : *Anacréon* porte Bacchus et l'Amour dans ses bras. L'allégorie sera saisie de tous, d'autant que l'Amour, lestement campé sur le bras du poëte, lutine le vieillard en lui tirant la barbe. Le marbre se prête moins aisément que la couleur à ces rapprochements d'êtres différents par leur nature. La matière est tangible et ne souffre pas de gradation entre les divers personnages d'un même groupe. C'est pourquoi l'Amour et Bacchus entre les bras d'Anacréon perdent du caractère surhumain que leur accorde la théogonie grecque. Mais, toute pensée philosophique mise à part, le travail de M. Gérome ne mérite que des éloges. L'aspect général est simple, les profils sont harmonieusement cadencés, et la lumière baigne sans ressauts ce marbre enjoué.

IV

M. Aizelin : *Mignon*. — M. Albano : *Méphistophélès, Marguerite*. — M. Maniglier : l'*Armurier*. — M. Gaudez : le *Ciseleur*. — M. Hugues : *Femme jouant avec son enfant*. — M. Roger : la *Muse d'Alfred de Musset*. — M. d'Astanières : le *Petit Curieux*. — M. Thoinet : l'*Enfant prodigue*. — Feu Grasset : *Dédale et Icare*.

L'une des meilleures œuvres du Salon de 1880 était la statue de *Mignon* par M. Aizelin. Traduite en marbre, elle reparaît sous nos yeux, et, après une année, l'impression qu'elle éveille est toujours jeune et vraie. La transparence du carrare convenait à cette image de jeune fille qu'elle idéalise. Je ne sais rien de plus suave que le drame apaisé de cette âme ensoleillée par de vagues sensations où le remords n'a pas sa place. La *Mignon* de M. Aizelin est à l'aube de la vie ; une souffrance inconnue répand son ombre sur le front de l'enfant et le courbe, comme une brise trop forte incline les roseaux ; mais la pose, le regard, le pur modelé des formes, la blancheur du marbre, parlent de jeunesse, d'ignorance et de candeur. Que M. Aizelin fasse un pas encore, et sa place est auprès de M. Chapu.

Notre sévérité n'a jamais été prise en défaut, croyons-nous, lorsqu'il s'est agi de ces maîtres perfides, de ces charmeurs néfastes, les sculpteurs italiens de notre époque. On ne saurait donc nous taxer d'engouement à leur égard si nous rendons justice aux statues de *Méphistophélès* et de *Marguerite* modelées par M. Albano. Encore que le soin du vêtement, de l'armure, de l'accessoire, soit très-grand dans ces deux œuvres, il y a des qualités de sobriété relative, une recherche de style, une étude du sujet qui font honneur à l'artiste. La figure de *Marguerite*, notamment, est d'un sentiment très-élevé. La jeune fille est debout, en marche, et sa main droite tient un livre, mais le livre est demi-fermé, la main a glissé le long du corps, le pas s'est ralenti, le front s'incline, un nuage passe sur le regard, c'est l'heure du trouble, de l'anxiété, des tortures morales. M. Albano a su parler la langue plastique avec éloquence et avec retenue. C'est une langue qu'il n'a pas apprise chez ses compatriotes : honneur à lui !

Je passe sans m'arrêter devant les figurines agrandies de l'*Armurier*, de M. Maniglier, et du *Ciseleur*, de M. Gaudez, deux œuvres élégantes et neuves auxquelles il convient toutefois de rendre leurs proportions réduites : de pareils sujets rentrent dans la classe des bronzes d'art.

Rendons justice au groupe de M. Hugues, *Femme jouant avec son enfant*. La convenance, la distinction de ce marbre ont droit à de sincères éloges. M. Roger témoigne du désir de bien faire, mais sa *Muse d'Alfred de Musset* n'a rien qui la caractérise; l'œuvre a été modelée avant d'être pensée.

Le *Petit Curieux* de M. d'Astanières, debout, l'oreille collée contre un rideau, ne manque ni d'imprévu ni de poésie. M. Thoinet a su dire les regrets de l'*Enfant prodigue*.

Un jeune artiste mort il y a quelques mois à l'Académie de France à Rome, M. Grasset, est représenté au Salon par un bas-relief, *Dédale et Icare*, dont le mérite est réel. Tandis que Dédale, le front nuancé d'inquiétude, attache aux épaules d'Icare les ailes qui seront tout à l'heure l'instrument de sa mort, le terrible enfant, les bras levés, le genou posé sur une aspérité de terrain, semble impatient de s'élancer dans l'espace. La tête est frémissante de vie et d'espérance. M. Grasset a dû prendre plaisir à modeler cet éphèbe ivre de gloire, de liberté, d'avenir ; peut-être a-t-il cherché son modèle en lui-même, et les nobles passions si bien écrites sur la glaise, peut-être les connaissait-il pour les avoir éprouvées, mais la mort était là !

V

M. Barrias : *Bernard Palissy*. — M. Etcheto : *François Villon*. — M. Aimé Millet : *Don Adolfo Alsina; Tombeau de la princesse Christine de Montpensier*. — M. Gower : *Shakespeare*. — M. Antokolski : *Pierre I*^{er}. — M. Delaplanche : *Auber*. — M. Sollier : le *Chancelier Michel de l'Hospital*. — M. Schrœder : *Rude*. — M. Falguière : *Mirabeau*. — M. Albert-Lefeuvre : *Barra*.

L'écueil presque fatal pour la jeune école de sculpture, c'est l'habileté de là main. Modeler avec adresse et sans autre but que traduire une forme semble être l'occupation d'un groupe de sculpteurs oublieux des destinées de l'art. La forme est au statuaire ce qu'est la parole à l'orateur ; mais, de même que des expressions châtiées ne peuvent satisfaire l'esprit si elles ne revêtent une pensée, la forme travaillée par l'artiste dans le dénûment de l'idée a je ne sais quoi de vide et de mutilé.

L'ordre de sujets où cette lacune est moins sensible, c'est la sculpture d'histoire. Là, en effet, le personnage s'impose. Une vertu ou une aptitude maîtresse domine toute une vie. On oserait dire que l'œuvre quotidienne de l'homme de pensée, du médecin, du soldat, a laissé sur ses traits, dans sa pose, son vêtement, sa manière d'être, une empreinte caractéristique. L'homme supérieur est en quelque sorte modelé par un maître invisible, et l'artiste, en se recueillant, doit ressaisir l'accent imprimé sur l'argile humaine à l'heure où sous la forme vibrait une âme.

M. Barrias a parfaitement compris, selon nous, le

caractère sérieux, presque mélancolique, de ce rude et patient ouvrier, *Bernard Palissy*. Nous connaissions déjà, pour l'avoir vue l'an passé, cette statue de l'inventeur des rustiques figulines, mais le bronze donne au travail de M. Barrias une chaleur et une solidité que l'image, très-fine, un peu grêle dans sa distinction, ne pouvait obtenir du plâtre. L'éclat du métal convient au visage amaigri, aux mains desséchées du noble artiste. L'homme de lutte et l'homme de pensée ont trouvé un interprète habile et plein de goût en M. Barrias.

Vous vous souvenez du petit testament de François Villon :

> Sec et noir comme escovillon,
> Il n'a tente ni pavillon...

M. Etcheto a bien saisi l'aspect du franc basochien. L'accoutrement témoigne de la détresse du poëte populaire, mais son indigence n'appelle point la pitié; le rire est près des lèvres, et dans l'allure abandonnée de *Villon* il y a tant d'insouciance heureuse que personne ne voudrait demander au personnage de M. Etcheto plus de tenue. L'œuvre est jeune et sincère. C'est ainsi que nous imaginions l' « eschollier » du quinzième siècle que sa verve a fait un vrai poëte.

M. Aimé Millet n'a pas flatté *Don Adolfo Alsina,* ministre de la guerre de la république Argentine. Le bronze qu'il lui consacre, et qui va prendre place à Buenos-Ayres, n'est pas suffisamment étudié. Nous préférons à cette œuvre le *Tombeau de la princesse Christine de Montpensier.* Le marbre de ce monument est silencieux. La jeune reine d'Espagne, demi-couchée sur un lit de repos, fixe du regard un dessin qu'elle vient d'ébaucher. Attentive à son examen, elle a du naturel et de la distinction dans l'attitude générale, la pose des bras, l'expression des traits. Des flots de dentelle moins abondants sur la poitrine auraient rendu au personnage une élégance qu'il n'a pas. Un marbre moins gris aurait également servi les intérêts de l'artiste. La lumière, c'est la vie. Or, l'image de la jeune princesse que vient de sculpter M. Millet est morte en plein sourire. C'est dans l'éclat d'une matière de choix, rayonnante, diaphane, qu'il importait de chercher les traits de la reine Christine.

La place d'honneur, au centre du jardin, a été donnée au monument de *Shakespeare,* par M. Gower. Six grandes figures ont trouvé place à la base ou sur le piédestal; seul Shakespeare est absent, car le buste du poëte, dans un pareil ensemble, n'est pas un hommage suffisant. L'art plastique a ses lois. C'est en vain que l'artiste se flatte d'appeler le regard sur tel point de son travail si l'œil est sollicité par des accessoires trop bruyants. Ici la Gloire, la Muse, Hamlet, Henri V, Macbeth et Falstaff ne font pas cortége à Shakespeare, ils l'éclipsent.

M. Antokolski a mieux compris les droits d'un personnage historique. *Pierre Ier* debout, en costume militaire, une main en arrière posée sur un bâton, a la carrure et la rudesse de l'homme du Nord. Une volonté intense est écrite dans la pose du Tzar; toutes les lignes de cette figure ont je ne sais quoi d'inflexible qui inspire l'effroi. On se souvient invinciblement, en face du travail de M. Antokolski, des sanglantes répressions de Pierre le Grand contre les strélitz. La force est portée à son paroxysme par une main d'artiste dans l'image dont nous parlons. C'est tout ensemble un portrait et un type qui ne le cède pas, quant au mérite, aux belles pages du même artiste que tous ont admirées, en 1878, au Champ de Mars.

Dans une gamme moins sonore, la statue d'*Auber*, par

M. Delaplanche, est une œuvre remarquable. Le compositeur, vêtu du costume officiel des membres de l'Institut, est assis. Une partition commencée est sur le genou droit, et la main tient une plume, mais les lignes élégantes et soutenues de la composition appellent le regard sur la tête du musicien. Légèrement redressée, la tête est en travail : une pensée l'habite et en éclaire les grandes masses. L'œil est sans but ; on sent que les hautes facultés de l'homme sont en mouvement. M. Delaplanche n'a pas fait jusqu'ici de meilleur ouvrage que cette figure.

La statue du *Chancelier Michel de l'Hospital,* par M. Sollier, peut être comparée à celle d'*Auber.* Le marbre en est grave et contenu. Vêtu de la toge du magistrat, le chancelier, assis, a dans la pose aussi bien que dans le regard l'aspect immuable et réfléchi qui sied au dépositaire de la loi.

Rude, par M. Schrœder, est une image fidèle du sculpteur de l'Arc de l'Étoile, à ne considérer que la tête ; quant au corps appauvri et chétif, ce n'est pas celui de Rude.

La politique est d'ordinaire une muse inféconde pour les artistes. M. Albert-Lefeuvre, avec la statue de *Barra,* M. Falguière, l'auteur d'une figure de *Mirabeau,* sont les seuls que les annales brûlantes de la Révolution française aient vraiment inspirés. Le *Mirabeau* de M. Falguière, exposé parmi les projets du monument commémoratif de la Constituante, a la soudaineté de l'audace. Debout devant le siége qu'il vient de quitter brusquement, l'orateur fait un geste d'empire d'une telle puissance, d'un tel éclat, que le spectateur subit l'ascendant de cette figure. On oublie le monument, les statues accessoires, la colonne, l'image symbolique qui la domine, pour ne voir que Mirabeau dans la souveraineté de sa pose. Plus modeste, mais non moins vraie, est la statue de *Barra* par M. Albert-Lefeuvre. Le jeune volontaire, frappé à mort, va tomber. Surpris par le sculpteur dans un équilibre instable, l'adolescent laisse échapper de ses doigts une baguette de tambour. C'est le seul accessoire que l'artiste, en homme de goût, ait voulu ajouter à la figure de Barra. Il faut lui savoir gré de cette retenue que d'autres n'ont pas mise à profit dans la représentation du même personnage.

VI

M. Devillez : *Diane.* — M. de Blezer : *Portrait de M. Nozière.* — M. Dillens : *Portrait.* — M. de Ghvest : *Portrait de M. F. de V.* — M. Martens : *l'Amour captif.* — M. de Groot : *le Travail.*

Les sculpteurs belges auraient-ils désapprouvé le Salon libre? Malgré nos recherches, nous n'avons découvert qu'un petit groupe de sculpteurs nés ou grandis en Belgique. A la vérité, ce n'est pas le nombre qui importe; c'est le mérite. Qui ne se souvient de cette page d'esthétique qu'il faudrait graver en lettres d'or sur la porte des ateliers de statuaires :

> La forme au statuaire! — Oui, mais tu le sais bien,
> La forme, ô mon sculpteur, c'est tout et ce n'est rien;
> Ce n'est rien sans l'esprit, c'est tout avec l'idée!
> Il faut que, sous le ciel, de soleil inondée,
> Debout sous les flambeaux d'un grand temple doré,
> Ou seule avec la nuit dans un antre sacré,
> Au fond des bois dormants comme au seuil d'un théâtre,
> La figure de pierre, ou de cuivre, ou d'albâtre,
> Porte divinement sur son front calme et fier
> La beauté, ce rayon, la gloire, cet éclair.
> Il faut qu'un souffle ardent lui gonfle la narine,
> Que la force puissante emplisse sa poitrine,
> Que la grâce en riant ait arrondi ses doigts,
> Que sa bouche muette ait pourtant une voix!
> Il faut qu'elle soit grave et pour les mains glacée,
> Mais pour les yeux vivante, et, devant la pensée,
> Devant le pur regard de l'âme et du ciel bleu,
> Nue avec majesté, comme Adam devant Dieu!

Telle est la doctrine dont le poëte a eu l'intuition, et qui ne sera pas contredite par l'étude attentive des chefs-d'œuvre.

M. Devillez, né à Mons, n'a pas pris la peine de relire ces salutaires leçons. Sa statue de *Diane* n'a rien d'antique. C'est l'image intime d'une jeune femme mise à la dernière mode, portant un petit chien sur son bras et tenant dans sa main ce sceptre de coquetterie qu'on nomme un éventail. Diane était autrefois la rivale de Vénus, mais je ne voudrais pas gager que la *Diane* de M. Devillez sera jamais mise en parallèle avec la *Vénus de Milo*. Le sculpteur a modelé sa glaise sans pensée. Une chevelure bien troussée, un minois chiffonné, un corsage, une jupe de coupe élégante, la robe hérissée d'un king'charles faisant contraste avec les fronces d'un éventail aux lames effilées, voilà ce qui a séduit M. Devillez. Sculpture descriptive et réaliste. Les succès durables doivent être cherchés ailleurs.

Ainsi n'a pas agi M. de Blezer. Le *Portrait de M. Nozière* exposé par cet artiste est une œuvre iconique de réel mérite. Un parfum d'élégance est répandu sur le bronze au modelé savant et concis. Nous ne connaissons pas M. Nozière, mais il y a sur son portrait tels accents d'individualité qui nous laissent supposer que l'image est ressemblante. Ce n'est là, toutefois, que le moindre charme d'une page de sculpture, et M. de Blezer s'en est souvenu; aussi a-t-il voulu faire œuvre de bon style, et il y est parvenu.

Un buste énergique est signé de M. Dillens, né à Anvers, actuellement à Rome. La rudesse de ce portrait modelé ajoute à l'intensité de la vie. M. Dillens a bien fait d'exposer un pareil ouvrage au Salon de Paris en le datant de Rome. Le bronze sévèrement traité par l'artiste porte témoignage de sa personnalité; les Italiens modernes n'ont pas eu de prise sur M. Dillens.

Il convient aussi de louer le marbre correct et distingué que M. Maurice-David de Gheest désigne au livret sous le titre de *Portrait de M. F. de V.* On peut souhaiter plus de souffle, mais non plus de naturel dans un buste d'homme.

M. Jean-Baptiste Martens, de Worterghem, a demandé le thème de sa composition à la sculpture allégorique; l'*Amour captif* est le sujet traité par le statuaire. « Par ses attraits, écrit M. Martens, à la suite d'Ange Politon, par ses attraits, l'Amour éblouit les yeux de la jeunesse et lui dérobe toute la pensée voulue; celui qui prend la douce amorce n'a plus souci de sa propre liberté. » Sur ce thème philosophique, M. Martens a conçu l'image d'un Amour aptère, les mains liées à un Terme inflexible. L'enfant est assis, et ce n'est point après la lecture des lignes rappelées plus haut que personne regrettera de voir le terrible petit dieu réduit à l'impuissance. A vrai dire, la légende était inutile; M. Martens avait trouvé un sujet gracieux qu'il a su rendre avec goût. Nous ne doutons pas qu'en traduisant en marbre son ouvrage, il veuille accentuer davantage la douleur enfantine de l'Amour captif, privé de ses ailes.

Le *Travail*, par M. de Groot, est la statue d'un mineur, assis, sa pioche à portée de sa main. Cette figure est en bronze, et la teinte sombre de la matière est en harmonie avec le corps hâlé du travailleur. On eût pu désirer que l'homme se tînt debout; l'action eût été pour lui plus prochaine; toute pensée de lassitude eût disparu devant l'œuvre de M. de Groot. Mais n'oublions pas que ce bronze décoratif a sa place indiquée : il doit remplir la niche du grand vestibule de la gare de Tournay. Le statuaire n'a pas été seul maître de l'attitude de son personnage. Dépendant de l'architecte, il a dû concevoir une figure assise. Celle-ci, en retour, recevra de la niche où elle sera placée la justification de sa pose. D'ailleurs, si la fierté du geste est absente, le drame quotidien d'une vie de labeur est écrit sur la face du mineur. C'est dans les plis du front, dans l'arête du sourcil, dans la saillie des pommettes, dans le modelé des joues, que l'âme vaillante et droite du travailleur se reflète. La vigueur, le calme, le courage sont gravés sur la forme gercée, mais pure de profils, du mineur. M. de Groot a fait preuve de science et de pensée; il se montre praticien savant et philosophe : c'est à ce prix qu'on est un statuaire.

VII

M. Guillaume : *Marc Séguin*. — M. Darcq : *M. Houdoy*. — M. Thomas : *M. Abadie*. — Mademoiselle Sarah Bernhardt : *M. Coquelin cadet*. — M. Chapu : *Duc*.

Le buste le plus puissant et le plus vrai au Salon de 1881 porte la signature de M. Guillaume; il représente *Marc Séguin*. L'ingénieur, une grosse cravate autour du cou, la chemise de toile sur les épaules, la gorge ridée, est le type de l'ouvrier; mais ces détails, qui sont en quelque sorte la signature du modèle, ne font pas ombre aux facultés maîtresses de l'inventeur, brillamment écrites par l'artiste sur le front, l'arcade sourcilière et les lèvres de Séguin. Le visage est lumineux.

M. Darcq, un nouveau venu, expose un très-bon portrait de *M. Houdoy*, l'ancien directeur des musées de Lille. La pose de la tête est cependant légèrement outrée. *M. Abadie* a trouvé chez M. Thomas un habile interprète de sa tête. Le buste nous était connu, mais le marbre est supérieur au plâtre exposé l'an passé. Dirons-nous que le masque de *M. Coquelin cadet*, par mademoiselle Sarah Bernhardt, est plein de vérité et d'une facture plus sévère que les autres œuvres de la même artiste? Pourquoi non?

On se souvient de la lettre de Coyzevox à son médecin : « Vous m'avez rendu la vie, je veux vous immortaliser à ma manière en faisant votre buste. » M. Chapu, que l'Institut a honoré il y a quelques années du prix Duc, « immortalise à sa manière » l'éminent architecte de la colonne de la Bastille. Le marbre de M. Chapu est l'image d'un gentilhomme doublé d'un penseur. Duc revit tout entier avec sa pénétration, son goût, ses manières distinguées dans le buste signé de M. Chapu. Encore que l'image soit réduite, elle laisse l'impression que ferait une statue en pied, et l'esprit la complète sans fatigue.

LA SCULPTURE

AU SALON DE 1882

I

M. Fourquet : la *Voulzie*. — M. Mombur : *Paysanne d'Auvergne*. — M. de Vercy : la *Fiancée*. — M. Croisy : le *Nid*. — Madame Bertaux : *Jeune fille au bain*. — M. Deloye : la *Fortune*. — M. Albert-Lefeuvre : le *Pain*. — M. Leysalle : l'*Avenir*. — M. Injalbert : l'*Amour présidant à l'hyménée*. — M. Idrac : l'*Amour piqué; Salammbô*.

Il y a huit ans, devant la statue intitulée *Source de l'Yvette*, par M. Fourquet, nous disions : — Cette œuvre est bien le symbole patriotique qu'un jeune artiste pouvait élever à sa rivière natale. Hégésippe Moreau n'a-t-il pas chanté jadis, en des vers dignes d'Horace, son humble Voulzie?...

> S'il est un nom bien doux, fait pour la poésie,
> Oh! dites, n'est-ce pas le nom de la Voulzie?...

Ces vers, nous les retrouvons gravés sur le rocher que domine une jeune fille, modelée par M. Fourquet. C'est une allégorie de la *Voulzie*. Elle est assise, humble dans sa pose, silencieuse comme le flot tranquille dont elle est l'emblème. Une urne renversée est à sa gauche, mais la gracieuse enfant nous rassure : l'eau de cette urne ne se changera pas en torrent. Les moissons prochaines ne seront pas ravagées par le ruisseau familier. De sa main droite, la nymphe de la Voulzie retient l'eau transparente de l'urne penchée. On ne pouvait dire avec l'ébauchoir d'une façon plus concise et plus juste que le cours d'eau chanté par le poëte tiendrait dans la main d'un enfant. Le profil d'Hégésippe Moreau se détache sur un pli du rocher; les vers de sa cantilène, plus encore que ce portrait, évoquent son souvenir. Demi-caché par les lierres de la source est un nid. Cette composition, dans laquelle tout est fin, délicat, aurait pu n'être pas exempte de recherche et de préciosité, si son auteur n'avait eu le talent sérieux de M. Fourquet. Sa *Source de la Voulzie* est une page discrète où l'accessoire est en son lieu. Traduite en marbre, cette figure sera de bon style.

La *Paysanne d'Auvergne* de M. Mombur est en marche. Robuste, sérieuse,

> Elle revient des champs, la jeune et pauvre veuve,
> Portant son cher fardeau sans en sentir le poids;
> Et, malgré les soucis dont le destin l'abreuve,
> Elle s'en va, superbe, en écossant des pois.

Il ne nous déplaît pas que de jeunes artistes essayent d'agrandir le champ de la sculpture en demandant à la glaise l'interprétation des types, des costumes et des scènes dont nous sommes chaque jour les témoins. Un art n'est pas compromis parce qu'il aborde des sujets nouveaux, mais l'effort de l'artiste pour parler la langue de son temps doit toujours être respectueux des principes essentiels de l'art, des lois consacrées par la tradition. La *Paysanne d'Auvergne* est de notre temps. Nous l'avons tous vue au penchant des collines du Puy-de-Dôme, droite dans sa robe de bure, la tête, les bras et les pieds nus, portant son enfant sur son dos, retenu par une pièce de toile; son tablier relevé, dans lequel sont des pois qu'elle écosse; mais pour peu que le type soit élevé, les bras et les pieds traités avec goût et avec savoir, le vêtement sans maigreur, l'image restera sculpturale. Tel est le cas de l'œuvre de M. Mombur. Qu'il enlève seulement la houe suspendue au bras de sa paysanne, cet instrument surcharge la composition, et nous n'aurons que des encouragements à lui adresser.

M. de Vercy est un sculpteur d'une grande distinction. Sa statue de la *Fiancée* atteste des tendances élevées, une recherche attentive du vrai. La jeune fille qu'il a représentée debout, souriante, essayant à son doigt l'anneau des fiançailles accepté la veille, a de réelles qualités. Peut-être serions-nous en droit de trouver quelques disparates dans le vêtement. La robe, sobrement traitée dans son ampleur élégante, n'a pas de manches. Pourquoi ? Ce détail que M. de Vercy eût pu corriger sans rien changer au caractère général de sa composition, porte atteinte à l'unité de l'œuvre. Nous le regrettons. Les bras nus de sa jeune fille paraissent juxtaposés après coup : on serait tenté de croire qu'ils ont été modelés séparément. L'artiste voudra s'y reprendre s'il traduit en marbre, pour un prochain Salon, son aristocratique *Fiancée*.

Le *Nid*, par M. Croisy, fera sourire bien des mères. Comme ils dorment profondément, ces deux enfants au teint de neige que leur mère a mollement posés sur un fauteuil capitonné, à l'heure de la sieste ! Casimir Delavigne a bien peint, dans les *Enfants d'Édouard*, ce repos fraternel de deux innocences. Ces fronts qui se rejoignent, ces boucles de cheveux qui se confondent, la pose abandonnée de ces petits corps incapables de supporter le poids du jour ont un charme plein de fraîcheur. Ainsi dorment sous les feuilles du bananier Paul et Virginie aux pieds du *Bernardin de Saint-Pierre* qui est au Havre ; mais là du moins, de même que dans la tragédie de Delavigne, nous n'avons pas à compter avec un fauteuil. Ce meuble, trop exactement rendu, avec sa frange, son galon, son damas, nuit à l'aspect du groupe ingénu cherché dans le marbre par M. Croisy.

Madame Bertaux y met trop d'insistance. C'est la troisième fois que nous revoyons aux Champs-Élysées sa *Jeune fille au bain*. Elle parut en plâtre au Salon de 1873, puis en marbre, et la voici en bronze! Cette dernière métamorphose n'est pas heureuse. Le bronze est trop sévère et trop sombre pour un corps juvénile sans vêtement. M. Deloye est un décorateur. Sa statue de la *Fortune* est alerte. A peine est-elle posée pour un instant sur la sphère qui lui sert d'appui! Mais n'oublions pas que la Fortune est femme : c'est dire que de prime saut elle a trouvé sa pose; les lignes et les plans de l'ensemble sont d'un gracieux effet.

Le *Pain*, par M. Albert-Lefeuvre, nous a rappelé des scènes de genre de M. Édouard Frère. Une paysanne, debout, les manches relevées, tient dans ses mains un pain de seigle dont elle coupe d'énormes tranches, et près d'elle deux enfants affamés se cramponnent à ses jupes. Le cou tendu, les lèvres ouvertes, les pauvres petits crient la faim, tandis que la mère, le front nuancé d'inquiétude, songe au lendemain douloureux qui l'attend. Sous une forme simple, il y a dans ce groupe la donnée d'un drame dont l'interprétation peut être demandée au marbre; mais M. Albert-Lefeuvre voudra mettre dans son œuvre définitive plus d'accent qu'il n'en a imprimé sur sa glaise.

Je vous fais grâce du groupe énigmatique de M. Leysalle intitulé : l'*Avenir*. La Vérité, le Mal et le Temps, mis en scène, forment une trilogie allégorique qui manque absolument de clarté. On nous dit que l'*Amour pré-*

sidant à l'hyménée, par M. Injalbert, compte des admirateurs. Nous estimons pour notre part que ce marbre n'eût pas dû trouver place au Salon. L'œuvre n'est pas digne ; or, c'est un ancien qui a dit : *Decere caput artis.* Bien différent est l'*Amour piqué* de M. Idrac. L'épine qui a blessé le dieu malin l'oblige à porter sur une seule jambe, mais la douleur sera courte ; observez les lèvres mutines, et les joues, et le front, et les sourcils de l'enfant terrible ; il fait ce qu'il peut pour pleurer, sans y parvenir ; un sourire moqueur lui échappe. Ne le plaignons pas.

Un second marbre est exposé par M. Idrac. Il représente *Salammbô* jouant avec un serpent. L'œuvre nous était connue : le plâtre date de 1881. Nous trouvons que le marbre, très-léché, a quelque chose de grêle dans sa grâce. Encore un peu, et le travail serait pauvre en même temps que l'aspect pittoresque.

II

M. Falguière : *Diane*. — M. Delaplanche : l'*Aurore*. — M. d'Astanières : l'*Espiègle*. — M. Pilet : *Amphitrite*. — M. Gauthier : *Fronton de l'horloge de l'Hôtel de Ville de Paris*. — M. Gautherin : le *Réveil*. — M. Mercié : *Quand même !* — M. Barrias : la *Défense de Saint-Quentin*. — M. Chapu : le *Génie de l'Immortalité*.

Diane, par M. Falguière, n'est pas une œuvre sans mérite, mais où sont les qualités supérieures de la statue d'*Ève* exposée par M. Falguière il y a deux ans, et dont nous avons fait l'éloge avec tant de plaisir ? Le talent inégal, mais remarquable, de M. Falguière autorise les sévérités de la critique : cet artiste est maître quand il le veut.

M. Delaplanche a moins de distinction. Son *Aurore* est exécutée de main de praticien ; la forme en est vraie, mais elle ne rayonne pas. Il est en outre regrettable que par une coïncidence, toute fortuite assurément, l'œuvre de M. Delaplanche rappelle une figure peinte de M. Baudry représentant la *Nuit*.

L'*Espiègle*, de M. d'Astanières, vaut plus que son titre. On pourrait croire à une œuvre de genre, tandis que l'éphèbe qu'il a représenté nu, assis sur le sable de la plage, s'apprêtant à lancer un galet de sa main distraite, est une page de style. La tête est sans doute un portrait, nous y relevons un caractère d'individualité plein de jeunesse et de grâce ; la poitrine respire. Seules, les extrémités ne sont pas rendues avec un soin suffisant, mais cette lacune disparaît en face de l'aisance et du naturel de la pose.

M. Pilet s'est souvenu du vers de Lemierre — le seul qui soit resté de ce poëte oublié,

Le trident de Neptune est le sceptre du monde,

et il a doté d'un gigantesque trident sa figure d'*Amphitrite*. Ce malencontreux attribut donne aux lignes générales trop de sécheresse. Telle n'était pas la *Bethsabée* de l'artiste au dernier Salon. Le *Fronton de l'Horloge* du nouvel Hôtel de Ville de Paris, par M. Gauthier, est une composition pleine de souplesse et de charme; les deux figures qui se penchent sur le vide sont traitées avec des délicatesses d'ébauchoir, une science du mouvement, un choix des lignes tout à fait remarquables.

« Alors même que M. Paul Dubois n'expose pas, il n'est jamais absent de nos Salons. » Le mot est de M. Guillaume, et il est exact. Demandez à M. Gautherin, l'auteur du *Réveil!*

Nous voici devant le groupe de M. Mercié : *Quand même*. Un soldat est frappé mortellement sur les murs de Belfort; il tombe, mais une Alsacienne a saisi son arme et le retient par un pli de sa tunique ; la défense de la patrie, la lutte pour la France se poursuivra quand même. Ce groupe est fait pour exalter le patriotisme. A ce titre nous approuvons l'idée, le choix des personnages et l'entrain que l'artiste a su mettre dans la pose, le geste, l'expression de l'Alsace et de son défenseur. *Quand même* est un pendant au *Gloria victis*. Mais si nous étudions l'œuvre au point de vue sculptural, nous y relevons des défauts. Les vêtements sont traités en peintre. La lumière à des ressauts imprévus, violents, dans cet entassement d'accessoires et de détails. Aucun plan n'attire le regard, et, chose plus grave, ce n'est pas la tête des personnages qui intéresse au premier abord.

L'œuvre manque de synthèse, c'est un drame dispersé dont toutes les scènes sont équivalentes. L'âme plane sur l'ensemble; elle ne s'est vraiment réfugiée nulle part. M. Mercié, qui aurait pu tirer un excellent parti de la tête du soldat qu'il met en scène, n'a pas pris le soin d'en accentuer les traits dans une juste mesure. Cette tête est ébauchée, presque sans forme, et l'homme est encore vivant, que dis-je? il chancelle, mais il n'est pas tombé! Nous regrettons ces discordances qui enlèvent à la valeur d'une page héroïque où nous voudrions n'avoir rien à reprendre. L'artiste s'est trompé, selon nous, sur les frontières de son art, et plus encore sur ses ressources. Pittoresque par certains côtés, le groupe de M. Mercié n'a pas autant d'éloquence que le *Gloria victis*. Cependant l'attitude de l'Alsace est heureuse, son visage est empreint de vaillance et d'audace, son geste est un défi. Les qualités de M. Mercié atténuent les défauts qui déparent son groupe, mais ces défauts subsistent.

M. Barrias, un artiste au talent personnel, a traité dans un groupe allégorique qui n'est pas sans affinités avec celui de M. Mercié, la *Défense de Saint-Quentin*. Des qualités sérieuses recommandent cette composition, mais les deux acteurs, la Ville et le soldat, se réclament d'une origine différente. La Ville est un personnage fictif, le soldat un être réel. De là une dissonance regrettable dans une œuvre où nous souhaiterions en outre plus de caractère.

Un marbre qu'il convient de louer sans restriction, c'est le *Génie de l'Immortalité*, sculpté par M. Chapu pour le monument funèbre de Jean Raynaud. L'allégorie n'a pas suggéré de page plus éloquente et plus simple que ce haut relief. Un éphèbe, nu, sans ailes, monte vers le ciel. Son ascension naturelle est un élan. De ses lèvres frémissantes, de ses bras tendus, impatients d'étreindre l'infini, de son regard suppliant, cet être terrestre dont les pieds n'adhèrent plus au sol aspire à se perdre dans le divin. Le *Génie de l'Immortalité,* tel que l'a compris M. Chapu, est un hymne spiritualiste; le personnage s'élève vers les hauteurs comme les stances sacrées ou les parfums de l'autel. Et la forme vivante de cette apparition surhumaine est traitée avec un ciseau non moins habile dans l'interprétation nuancée d'un corps jeune et viril, que respectueux des saines traditions de la sculpture. Si la médaille d'honneur, au lieu d'être l'enjeu du suffrage universel, eût été décernée par un jury d'artistes, M. Chapu l'aurait obtenue sans débat.

III

M. Constantin Pandiani : la *Pêche;* la *Sollicitude maternelle*. — M. Ramazzotti : la *Modestie*. — M. Andrea Malfatti : *Déception*. — M. Mariotti : *Ganymède*. — M. Calvi : *Menestrello*. — M. Raymondo Pereda : le *Bonnet de la grand'mère*. — M. Camillo Rigaldi : *Mozart mourant*. — M. Guglielmo : *Raoulx; Giotto*. — M. Pozzi : *Lord Byron*.

M. Constantin Pandiani, qui a si délicatement ciselé le pur carrare de sa vasque dominée par le génie de la *Pêche,* et les dentelles de ce nid de plumes sur lequel se penche une jeune femme, emblème de la *Sollicitude maternelle,* M. Pandiani a sculpté son marbre, non pour un palais, mais pour la cour d'entrée ou le salon d'un financier. Ses ouvrages sont surchargés.

M. Ramazzotti a mieux compris les lois de la sculpture en composant sa statue *la Modestie*. La tête est belle et d'un excellent caractère; si le vêtement du personnage ne contredisait le silence de la pose et des lignes, nous nous plairions à n'adresser que des éloges à M. Ramazzotti, un élève de Vela.

Quel costumier que M. Andrea Malfatti! Je renonce à nommer toutes les parties de la robe compliquée dont il a doté l'élégante patricienne à laquelle il donne pour titre *Déception*. Il me faudrait relire d'un bout à l'autre le livre de Charles Blanc : *l'Art dans la parure et le vêtement*.

M. Mariotti ne s'est pas mis en frais pour composer sa statue de *Ganymède,* qu'un aigle gigantesque enveloppe de ses ailes. Tel que l'a compris l'artiste, ce sujet veut être traité sur la toile. L'accessoire tue le personnage.

Quelle débauche de couleur! quelle polychromie réaliste que ce *Menestrello* fait de bronze et de marbres multicolores par M. Calvi! Je compte bien sept couleurs sur ce magot, mais je vous jure qu'il n'y a rien de l'arc-en-ciel!

Un statuaire français a écrit : « Le marbre, par sa blancheur, a quelque chose de pur et de céleste. Les couleurs sont terrestres. Nous portons sur nos traits l'empreinte de la destruction; la sculpture, au contraire, porte l'image de l'éternité. Plus une fleur est brillante, moins elle dure. La sculpture est la tragédie des arts. J'ai toujours pensé à la sculpture en voyant Hamlet sur la scène. L'homme qui lutte seul contre le malheur est héroïque. La sculpture est une religion, elle doit être grave, chaste. Quand elle se prête à la représentation de scènes familières, il me semble voir danser un prêtre! » Nous livrons cette page aux méditations de M. Raymondo Pereda, l'auteur du marbre profané le *Bonnet de la grand'mère*.

M. Camillo Rigaldi aborde la sculpture d'histoire avec une statue de *Mozart mourant*. C'est une œuvre bruyante et pittoresque.

M. Guglielmo n'est Italien que de nom. Sa statue de *Raoulx*, commandée par le ministère des Beaux-Arts pour le musée de Montpellier, manque un peu de sveltesse, mais elle est de facture française. Le *Giotto*, du même artiste, est une œuvre de bon style, à laquelle il ne faudrait pour être parfaite qu'une pose qui rendît la tête plus visible.

La statue de *Lord Byron* par M. Pozzi, de Milan, mérite qu'on la signale. La pose, les draperies, le visage ont été rendus avec beaucoup de naturel. Sans les dentelles prétentieuses qui entourent les poignets et qui sont une concession fâcheuse au goût moderne des compatriotes de l'artiste, il n'y aurait vraiment pas à reprendre dans ce marbre. Il ne sera pas remarqué peut-être, parce que l'auteur lui a donné des dimensions réduites qui conviennent peu à la sculpture d'histoire. Mais n'oublions pas que la sculpture en Italie ne relève que du public. L'État se désintéresse de cette force intellectuelle qui a fait la richesse et la renommée de la Péninsule en des temps meilleurs. Les Papes n'agissaient pas ainsi lorsqu'ils avaient le pouvoir.

L'isolement dans lequel se trouve la sculpture italienne a produit son appauvrissement, le maniérisme, la recherche et la traduction patientes du détail au détriment du style et de l'idée. Quoi qu'il en soit, l'œuvre de M. Pozzi, commandée sans doute par quelque amateur tenu de compter avec l'espace resté libre dans sa galelerie, est de bon aloi. Le poëte de *Child-Harold*, assis et appuyé nonchalamment sur le dossier de son siége, est mélancolique et songeur. C'est bien l'homme que Musset a mis en scène dans sa *Lettre à Lamartine* :

> Lorsque le grand Byron allait quitter Ravenne,
> Et chercher sur les mers quelque plage lointaine,
> Où finir en héros son immortel ennui,
> Pâle, et déjà tourné du côté de la Grèce...

Qu'ai-je besoin de poursuivre? L'immortel ennui de Byron a été rendu par le sculpteur en une langue sobre et élevée. Il suffit.

Revenons aux Français.

IV

M. Hugues : *OEdipe à Colone*. — M. Fagel : le *Poëte mourant*. — M. Daillion : le *Réveil d'Adam*. — M. Cordonnier : *Abel allant au sacrifice*. — M. Marqueste : *Suzanne; Cupidon*. — M. Coutan : *Porteuse de pain*. — M. Lanson : l'*Age de fer*. — M. Pâris : le *Temps et la Chanson*. — M. Lemaire : le *Matin*. — M. Longepied : l'*Immortalité*. — M. Captier : *Une fille d'Ève*. — M. Chatrousse : *Contemporaine; Madame Roland*.

M. Hugues expose un groupe d'*OEdipe à Colone*. Rien de grec dans le caractère. Des membres chétifs, des draperies sèches et maigres. Puis, par une ironie douloureuse, c'est Antigone qui succombe et qui appelle la pitié. Elle s'est affaissée sur une pierre, et sa tête s'est penchée sur la poitrine décharnée de l'aveugle.

Antigone la vaillante, Antigone que Sophocle promène sur le chemin du malheur et de la malédiction, droite, fière, courageuse, intrépide comme la jeunesse et l'amour filial, c'est elle qu'un jeune artiste nous présente épuisée! Eh quoi! le dévouement est-il un fardeau si lourd aux âmes bien nées? Lisez Sophocle, monsieur Hugues, lisez-le comme on doit lire l'antiquité grecque, c'est-à-dire avec respect et avec amour, vous ne tarderez pas à reconnaître que les grandes œuvres, pour être traduites, exigent une initiation prolongée. Cependant ces deux personnages que vous auriez pu appeler *Vieillard et Jeune fille* sont de race distinguée. Les membres ont de la finesse; tels méplats attestent une nature de choix. L'artiste mérite donc qu'on le loue dans une certaine mesure, mais il fera bien d'orienter son atelier du côté d'Athènes.

4.

M. Fagel habite Rome. Il est à la villa Médicis. Son bas-relief le *Poëte mourant* est d'une inspiration élevée. Les types sont nobles et fins. La figure de l'Immortalité gagnerait en élégance si les ailes étaient moins importantes. Quant au Génie qui plane dans les airs tenant un flambeau et une couronne, il alourdit la composition. Si l'artiste le supprime, nous pensons qu'il fera bien. Alors la figure du poëte dominera, et cette page attristée, sans réalisme, sans affectation, plaira par sa clarté.

Je devrais m'arrêter devant le *Réveil d'Adam* de M. Daillion, une page d'excellent style qui révèle chez son auteur le désir de bien faire, une habileté de main déjà grande et le respect de l'art.

Abel allant au sacrifice, par M. Cordonnier, est une étude intéressante. L'éphèbe porte un agneau dans ses bras. Mais combien sa ceinture tortillée en gros cuir, combien ses longs cheveux à peine indiqués par masses, qui de loin ressemblent à de larges feuilles, attestent des tendances peu sculpturales!

Bien supérieure est la *Suzanne* de M. Marqueste. Le modelé en est fin, la pose heureuse, l'expression juste. C'est un beau marbre. Le *Cupidon* du même statuaire ne le cède pas à la figure de *Suzanne*. Le petit dieu malin, perché sur une sphère, regarde au-dessous de lui, et il rit, le perfide! des blessures que font ses flèches empoisonnées. Quel révolutionnaire! Quel destructeur! Et M. Marqueste nous le présente à son extrême enfance. Que sera-t-il à l'âge d'homme!

M. Coutan s'est trompé. Sa *Porteuse de pain* est sans beauté. Les vers qu'il a commandés pour expliquer son œuvre et qu'il inscrit au livret n'excusent rien. Le « tablier banal » dont lui-même reconnaît avoir accoutré son personnage est une attestation suffisante de la trivialité de l'ensemble. La sculpture est de plus haute lignée, et il ne convient pas de parler de la « Cérès antique » en présence de cette maritorne.

Du talent, beaucoup de talent dans le groupe gigantesque de M. Lanson : *l'Age de fer*. Toutefois, le sujet n'est pas intelligible, les deux figures se groupent mal, le caractère de l'ensemble est bravache. Quand on sculpte le marbre comme M. Lanson, il ne faut point chercher l'étrangeté.

Encore que le choix du sujet n'ait rien d'essentiel en sculpture, la forme humaine étant à elle seule un poëme offert à l'interprétation du génie, certaines pages, remarquables par l'exécution, gagneraient à ne pas être énigmatiques. Jamais, à moins d'avoir la science d'un égyptologue et de s'être rompu aux hiéroglyphes, on ne comprendra sans le secours du livret le sens exact du groupe de M. Pâris. *Le Temps et la Chanson,* tel est le titre bizarre que l'artiste a choisi. C'est dommage. Une fillette qui chante, un vieillard qui l'écoute n'avaient pas besoin d'une définition prétentieuse. Les deux personnages, observés isolément, offrent un ensemble de qualités. La vieillesse alanguie du Temps a été bien comprise, et le modelé ressenti des membres usés de cet être fictif est traité d'une main ferme, sans réalisme. Il est heureux pour M. Pâris que le jury ne lui ait pas tenu rigueur au point de vue de l'idée et ait récompensé la science dont il a fait preuve. Mais nous conseillons à l'artiste d'être plus sincère et plus simple une autre fois.

Fi de ces chevelures en feuilles ou en toile écrue semblables à celle dont M. Lemaire a doté sa figure du *Matin!* Nous goûtons peu ce travail sommaire qui n'est qu'une mise aux points. Certaines parties de la composition de M. Lemaire sont loin d'être banales, nous dirions volontiers qu'il y a dans son travail des passages bien appris ; quant au souffle, à l'originalité, à l'élégance, où sont-ils ?

Nous les trouvons dans le groupe de M. Léon Longepied, l'*Immortalité*.

L'artiste a représenté un jeune homme succombant à quelque mal glorieux. Ce blessé qui entre dans la mort à l'heure où d'ordinaire on ne fait que commencer à vivre est idéalisé dans son attitude abandonnée, dans les traits de son visage, dans les grandes lignes d'un corps souple où l'âme vibre encore. Et, près de lui, l'Immortalité radieuse se penche avec un regard maternel. De sa main caressante elle soutient cet élu de la gloire, rappelant ainsi, selon la parole du poëte,

> Que lorsqu'on meurt si jeune, on est aimé des dieux.

Nous applaudissons à la haute récompense décernée par le jury à M. Longepied.

Combien de jours a-t-il fallu à M. Captier pour exécuter la statue *Une fille d'Ève*, que le sculpteur détruira, comme tant d'autres d'une plus grande portée, après la clôture du Salon ? Selon toute apparence, quatre ou cinq jours lui ont suffi. Cette fille d'Ève, vêtue de sa robe du matin, tient d'une main un miroir et de l'autre lisse sa chevelure. L'œuvre est assurément d'un homme habile, mais M. Captier n'est point fait pour s'attarder à ces vétilles. Rappelons-nous *Timon le Misanthrope*, *Mucius Scœvola*, *Diane*, le *Dernier Refuge*, *Adam et Ève*. Voilà les sujets que traitait, hier encore, de son plein gré, cet artiste de mérite qui se plaît aux grandes pages, « pour grosse que soit la pierre », comme disait l'auteur du *Milon*. Mais on ne songe pas à M. Captier. Aucune commande, aucune acquisition qui le dédommage ou le mette en mesure de prouver sa science. Alors cet homme d'énergie, d'expérience et de talent, dont le goût ne tarderait pas à s'épurer si une œuvre importante lui était confiée, ce sculpteur respectueux de la tradition s'est découragé. Encore un peu, et nous ne le verrons plus au Salon. Cependant, il n'est aucun de ses pairs qui ne témoigne volontiers de sa valeur.

M. Chatrousse, l'auteur applaudi de la *Lecture* au Salon de 1880 et d'*Une jeune contemporaine* au Salon de 1877, envoie cette année une seconde figure de *Contemporaine*. Elle nous plaît moins que son aînée. En revanche, la statue de *Madame Roland* est d'un heureux effet. La tête bien connue de cette femme politique a été rendue par M. Chatrousse avec autant de vigueur que de grâce.

V

M. Louis-Noël : *M. Gigoux.* — M. Le Cointe : *Sedaine; Nymphe de Diane aux écoutes.* — M. Vaudet : *Timidité.* — M. Fréville : *Catherine II.* — M. Joindy : *Printemps.* — M. Cain : *Lion et lionne se disputant un sanglier; Rhinocéros attaqué par des tigres.* — Mademoiselle Thomas : *Chasseur et Braconnier.*

Les portraits d'artistes ont toujours un grand charme. Celui de *M. Gigoux*, par M. Louis-Noël, est remarquable. L'aspect général est sévère; la tête est droite, le front haut; les lèvres volontairement fermées sont abritées par de fortes moustaches. Mais l'œil, d'une grande douceur, tempère la rudesse du visage. Le front, où tous les muscles sont en repos, appelle la lumière : c'est le front d'un heureux. M. Louis-Noël a nuancé avec beaucoup d'adresse le portrait modelé du peintre connu de tous.

Nous remontons au dix-huitième siècle avec M. Le Cointe. Sa statue de *Sedaine*, sans être de très-grand style, plaît par le naturel et l'aisance. L'œuvre n'est pas nouvelle pour les visiteurs du Salon qui avaient vu le plâtre, et, il faut bien le reconnaître, la teinte blanche du plâtre convenait à l'image de ce tailleur de pierre, assis à la hâte sur un moellon et crayonnant des vers sur son genou. Le bronze enlève à la statue de *Sedaine* la meilleure part de l'illusion qu'il serait puéril de poursuivre dans une œuvre d'art, mais qu'il ne faut pas non plus dédaigner. Que Sedaine, surpris par l'œil de l'artiste dans son chantier de maçon, eût été débarrassé de son tricorne, et que M. Le Cointe eût traduit en marbre la statue familière de l'ouvrier poëte, l'œuvre serait achevée. Le groupe du même artiste, *Nymphe de Diane aux écoutes,* est d'un agencement heureux et d'un grand charme. La jeune fille troublée dans sa promenade matinale par un bruissement de feuilles laisse lire sur son visage, dans son geste, dans sa pose indécise, le sentiment de crainte qui l'agite, pendant que son lévrier, blotti près d'elle, complète le symbolisme de cette scène d'églogue.

M. Vaudet a gravé sur une sardonyx le profil incliné de la *Timidité*. La pose de cette tête aux traits passés, aux lignes onduleuses, que l'on croirait surprises furtivement plutôt que voulues et tracées d'une main délibérée, est d'un grand charme.

M. Fréville a donc trouvé quelque part une pierre d'onyx en fusion! Son camée représentant *Catherine II* est un tour de force de ténuité, de transparence, d'audace.

Je ne demanderai pas à M. Joindy le secret du travail fin qui distingue sa coupe décorée d'une allégorie du *Printemps;* M. Joindy serait en droit de me répondre : Étudiez les Grecs.

M. Cain demeure le maître des animaliers. Ses deux groupes de proportions colossales : *Lion et lionne se disputant un sanglier,* et *Rhinocéros attaqué par des tigres,* révèlent l'artiste accoutumé de longue date aux mouvements des fauves. M. Cain sait dire avec son ébauchoir les membres lourds et nerveux des habitants du désert. Mademoiselle Thomas, élève de M. Cain et de M. Chapu, choisit ses modèles plus près de nous. *Chasseur et Braconnier* sont deux chiens de nature très-différente que mademoiselle Thomas a patiemment étudiés, avant d'en fixer l'image dans une glaise souple et résolue, avec certains coups d'ongle très-personnels.

VI

M. Roulleau : *Carnot.* — M. Frémiet : *Stefan-al-Mare.* — M. Antokolski : *M. P. S.* — M. Icard : *Laurent Coster.* — M. Maximilien Bourgeois : *Guillaume Budé.* — M. Félix Martin : *Picard.* — M. Hébert : *Rabelais.* — M. Jules Thomas : *La Bruyère.*

La statue de *Carnot* par M. Roulleau est une page virile, originale et de fière allure. Le compas dans une main, Carnot pose l'index sur une carte ouverte, où est inscrit le nom de Wattignies. Ce détail particularise avec autant de précision que de naturel l'homme qui battit les Autrichiens à la tête de l'armée du Nord. La tête de Carnot est belle d'intelligence. Les figures historiques se rattachant à la période révolutionnaire sont nombreuses au Salon. Aucune ne mérite qu'on la rappelle, mais le *Carnot* qui va prendre sa place à Nolay est une œuvre vraiment belle.

La statue équestre de *Stefan-al-Mare,* prince de Moldavie, convenait au talent robuste de M. Frémiet. Le personnage a l'aspect implacable et superbe d'un hospodar. Le cheval, une fière monture, courbe la tête dans un mouvement plein de grâce qui ajoute à la majesté du cavalier. L'évocation de Stefan-al-Mare a l'âpreté des types entrevus par le poëte des *Burgraves.* Ce bronze massif, qui doit être érigé à Jassy, en Roumanie, au centre de frêles demeures construites en bois, éveillera l'idée de commandement et de durée.

M. Antokolski, un Russe qui est devenu notre hôte après avoir longtemps habité Rome, a été quelque peu trahi par son respect du modèle. La statue en marbre de M. P. S. est évidemment un portrait; elle n'est rien de plus. M. Antokolski est de taille à mieux faire : il nous l'a prouvé à l'Exposition universelle de 1878.

L'Imprimerie nationale, qui déjà possède la statue de Gutenberg, a demandé celle de *Laurent Coster* à M. Icard. C'était son droit. Et M. Icard, naturellement, ne craint pas d'affirmer sur le livret que Laurent Coster est l'inventeur de l'art typographique. Malgré cela, nos doutes subsistent. Mais l'imprimerie, ce nous semble, est une découverte assez capitale pour que l'homme à qui en revient l'honneur nous soit présenté sous des traits sérieux. Son image doit être résistante. Nous supposons volontiers à ce grand homme des proportions au-dessus de la moyenne, un corps en pleine maturité. M. Icard n'en a pas jugé de même. Son *Laurent Coster* est guilleret, pimpant, vêtu d'un élégant pourpoint. Un mouchoir dans une main le fait ressembler à un élève de Robert Houdin, et personne ne se souviendra sans effort, en face de cet accessoire étrange, que les caractères mobiles furent, dit-on, essayés sur des étoffes par Laurent Coster. Mais où le caprice dépasse toute limite, c'est dans le choix du socle. M. Icard n'a-t-il pas imaginé de poser son personnage sur le disque solaire! Nous comprenons que l'artiste, pour rendre intelligible la présence d'un pareil piédestal, ait cru devoir graver sur les rayons de l'astre : *Et la lumière fut!* C'est aussi la devise que porte le *Gutenberg* de la cour d'honneur de l'Imprimerie nationale, mais cette devise est inscrite sur un feuillet de la Bible, — le premier livre qui soit sorti d'une presse, — et là elle est en son lieu. Toutes nos condoléances à M. Doniol, pour la statue de Laurent Coster.

Salut à *Guillaume Budé,* celui qu'Érasme appelait « le

prodige de la France ». M. Maximilien Bourgeois expose le marbre élégant et grave de l'helléniste auquel nous sommes redevables de la fondation du Collége de France. C'est dans l'une des cours donnant sur la rue Saint-Jacques que se dressera demain cette image longtemps attendue. Elle fait grand honneur au statuaire. Le costume du seizième siècle n'est pas sans écueil pour qui essaye de le modeler. Cette collerette tuyautée qui couvre la gorge nuit le plus souvent à l'aisance du personnage. Le cou demeure sacrifié. Sans rien omettre des détails du costume, M. Bourgeois a su répandre sur l'ensemble de son œuvre je ne sais quoi de facile et de simple. D'ailleurs, l'attention se concentre sur la tête de Budé, intelligente et calme, de même que sur les mains, traitées avec un art supérieur. Nous avons appris fortuitement que le statuaire a spontanément choisi son sujet. Budé lui semblait une figure digne du ciseau. Ce n'est qu'en face du modèle en plâtre, exposé il y a quelques années, que l'État fit la commande du marbre. L'adoption volontaire d'une figure historique par un sculpteur ou un peintre sera le plus souvent un gage de succès. Nous aimerions que ce qui s'est passé pour la statue de Budé se reproduisît fréquemment. Seconder un artiste qui a suivi son inspiration personnelle sera toujours une bonne politique. Au lieu d'une commande exécutée sans souffle, vous aurez une page méditée, vous aurez une pensée, peut-être un chef-d'œuvre.

Nous voici devant la statue intime de *Picard,* le poëte comique. Il est assis et tient dans sa main le manuscrit de la *Petite Ville*. M. Félix Martin est l'auteur de cette figure. Le poëte a la tête nue, le col de chemise ouvert; le dos est presque voûté, et le front penche en avant. Tous ces détails ont leur portée. Picard, surnommé en son temps le « Petit Molière », était à la fois auteur dramatique, directeur de théâtre et acteur. Il n'a pas écrit moins de quatre-vingts comédies et de nombreux romans. Il nous plaît donc de saisir dans l'attitude de l'homme quelque trace de lassitude. Sa mise incorrecte nous rappelle le travail hâtif et superficiel de l'écrivain. Au surplus, le regard est resté vivant, et la lèvre est mordante.

Oh! l'affreux *Rabelais!* M. Hébert n'a lu qu'une phrase de La Bruyère, celle dans laquelle le moraliste nous dit : « Où Rabelais est mauvais, il passe bien loin au delà du pire; c'est le charme de la canaille. » Mais il y avait une autre phrase que le sculpteur aurait dû méditer : « Où Rabelais est bon, il va jusqu'à l'exquis et à l'excellent, et il peut être un mets des plus délicats. » Le bronze destiné à la ville de Chinon n'appellera pas sur les lèvres ce dernier mot de La Bruyère.

Que parlé-je de l'auteur des *Caractères?* Le voici debout, ayant suspendu sa promenade rêveuse, le tricorne sous le bras, l'index entre deux feuillets du livre qui l'occupait tout à l'heure, et l'épaule appuyée contre le buste antique de son maître Théophraste. C'est M. Jules Thomas qui a sculpté ce marbre de grand style pour les jardins princiers de Chantilly. M. Thomas ne s'est pas arrêté dans sa lecture de La Bruyère. Il connaît son sujet. Le masque rude, la tenue correcte de l'écrivain, tout est exact dans l'œuvre de l'artiste. La richesse du vêtement, traité d'une main savante, fera songer au style élégant et varié de La Bruyère. Cette figure ne le cède pas à celle de *Mademoiselle Mars,* également sculptée par M. Thomas, à la Comédie française.

ABS# LA SCULPTURE

AU SALON DE 1883

I

M. Suchetet : *Biblis changée en source*. — M. Boisseau : le *Crépuscule*. — M. Marqueste : *Cupidon*. — M. Frère : *Chanteur oriental*. — M. Cordonnier : le *Printemps*. — M. Tony Noël : *Uno avulso, non deficit alter*.

Lorsqu'on interrogeait Socrate sur les vertus qui font le citoyen, le philosophe aimait à rappeler cette parole de l'oracle de Delphes : « Suivez les lois de votre pays. » J'imagine que si un jour Phédon avait demandé à Socrate de l'instruire sur les vertus du sculpteur, Socrate, qui dans sa jeunesse avait modelé de ses mains le groupe des *Trois Grâces*, se fût borné à répondre : « Suivez les lois de la sculpture. »

Un art est-il donc soumis à des lois? Quelque chose peut-il l'entraver? Le génie et, à son défaut, le talent ne sont-ils pas maîtres de l'heure et de l'espace, sans autre règle que l'inspiration du moment? Des lois, mais vous n'y pensez pas? L'art, c'est l'étincelle, c'est l'éclair entrevu, c'est le cri de l'âme, et ces impressions diverses échappent par leur soudaineté à toute législation précise. La lumière ne connaît pas de discipline; elle se joue dans le vide en pleine liberté, active ou paresseuse, éclatante ou voilée, selon qu'il lui plaît d'inonder de ses chaudes effluves l'atmosphère qui nous enveloppe ou de laisser intercepter ses rayons par le fluide refroidi. L'art aura-t-il de moins grandes franchises? Est-ce que sa puissance n'est pas absolue? Est-ce que l'artiste n'est pas seul maître de son discours? Est-ce qu'il n'est pas créateur? et créer, n'est-ce pas faire quelque chose de rien?

Oui, sans doute, l'artiste est maître de sa pensée, de la forme dont il la revêt, du style dont il pare cette forme. Mais, au-dessus de lui et malgré lui peut-être, une vérité demeure, vérité nettement exprimée, dont le sens ne sera pas éludé et à laquelle seuls les transfuges ou les obscurs praticiens de l'art tentent d'échapper, tandis que les maîtres orientent leur esprit, leur activité, leurs doigts dociles et savants vers ce point fixe. Cette vérité qui n'a pas vieilli, parce que le propre de l'être est de ne rien craindre du temps, la voici :

« L'art est la manifestation du beau. »

Telle est la loi. Nul n'y changera rien. Ce n'est pas assez pour le sculpteur de limiter son effort à la représentation du vrai, ce n'est pas assez qu'il se montre traducteur fidèle, exact, plein de justesse et d'habileté. De simples transcriptions ne relèvent que de l'œil et de la main. L'art découle de plus haut. Son foyer, c'est l'âme, et c'est à l'âme, c'est-à-dire au plus intime de la personne humaine, que l'art est tenu de provoquer une sensation noble, généreuse, première étape de l'ascension rationnelle de la créature vers l'incréé. Or, je vous le demande, où est l'âme dans ces compositions modelées qui n'ont pour objet que la représentation de la laideur, de la décrépitude, de la bassesse, de la trivialité? L'âme est absente de pareilles œuvres. Ceux qui les ont produites, en dépit de la vogue dont ils peuvent jouir auprès de certains groupes d'amis, en dépit des médailles ou des mentions, ne sont pas des sculpteurs. Nous concédons qu'ils aient quelque adresse. La nature, dans ce qu'elle a d'extérieur et de tangible, leur est familière. Ils lisent; ils ne savent pas penser. Lire! est-ce donc chose si méritoire? Tout le monde lit, et le livre est partout. La rue, la maison, le théâtre, les réunions publiques présentent au regard des pages de toute sorte que nous lisons sans y prendre garde. L'artiste épris de son art traduira-t-il, à peine rentré chez lui, ce qu'il vient de lire dans la rue? Eh quoi! ne va-t-il pas s'interroger lui-même sur la valeur plastique, sur la portée morale des scènes dont le hasard l'a fait témoin, des types fortuitement rencontrés? Je ne puis croire qu'il prenne son ébauchoir d'une main hâtive, sans réflexion, sans discernement. Lire n'est rien; ce qui importe, c'est savoir lire.

Ceux-là ne savent pas lire qui tendent par leurs œuvres à faire de l'art la manifestation de la laideur. Déjà malheureusement ils sont un petit groupe, et un jour peut venir où leurs rangs seront plus compactes. La place occupée dans les lettres contemporaines par ce qu'on est convenu d'appeler le « naturalisme » trouble plus d'un cerveau dans l'école, et comme l'école française de sculpture est en ce moment très-riche en hommes pleins d'habileté, nous ne serions pas surpris de voir, à courte date, au Salon, des œuvres conçues dans le dénûment de la pensée, des statues semblables à certaines figures exposées en 1883, véritables négations du beau, mais non sans valeur sous le rapport de l'exécution.

Il y a là un péril. Les sculpteurs italiens s'épuisent dans la recherche du détail. Leur ciseau merveilleux s'est pour longtemps ébréché sur la dentelle d'une collerette ou la garniture d'un sofa. De leur côté, bon nombre de sculpteurs français sont en veine de trahir leur art par la représentation de scènes banales ou grotesques. Dans les deux cas, le péril est grave. « On peint tout ce qu'on veut, écrivait Diderot ; la sévère, grave et chaste sculpture choisit. » Sur ce point, nous sommes de l'avis de Diderot.

Nos principes étant posés, le lecteur ne devra pas chercher dans ces pages certains noms d'artistes auxquels leurs ouvrages ont valu peut-être quelque réputation. « En thèse générale, disait Cavé lorsqu'il était directeur des Beaux-Arts, on a cent fois tort de nommer un peintre dont le tableau déplaît. C'est lui faire un nom. Personne n'est plus attaqué que Delacroix, et personne n'est plus en vue. Je ne puis donner une commande importante sans y comprendre Delacroix. » Ne blâmons pas nos devanciers. Delacroix méritait d'être en vue, et, certes, l'école sera reconnaissante envers ceux qui ont aidé ce vaillant homme à se faire un nom. Toutefois, il y a du vrai dans le mot de Cavé : le silence est parfois une arme.

Pourquoi sommes-nous tenu au silence à l'endroit de MM. Paul Dubois, Chapu, Mercié, Idrac, et d'autres encore qui sont restés à l'écart du Salon? Nous avions plaisir à les suivre depuis de longues années. « Un Salon, a dit une femme d'esprit, est une réunion intime où l'on se connaît, où l'on se cherche, où l'on a quelque raison d'être heureux de se rencontrer. » Le Salon de 1883 est tant soit peu désert. On y cherche en vain plusieurs habitués avec lesquels la causerie n'était pas sans charmes. Nous les retrouverons sans doute au Salon triennal.

Plus restreint est le cercle d'artistes dans lequel nous entrons, plus aussi sommes-nous tenu de lier connaissance en saluant un à un les hôtes de la maison.

C'est M. Suchetet qui vient au-devant de nous. Disons-lui comme Horace :

La place m'est heureuse à vous y rencontrer.

C'est qu'en effet M. Suchetet — que nous n'avons jamais vu — n'est pas un étranger pour nous. Ce jeune artiste a débuté par un coup de maître. *Biblis changée en source* était une œuvre fort belle, il y a trois ans; aujourd'hui, c'est une œuvre exquise. Ce qu'il y avait de brusque, de heurté dans les contours du plâtre a disparu. Les parties lourdes se sont amincies, la figure tout entière a gagné en élégance. Le marbre transparent, dans sa pose horizontale, a les ondulations sans ressauts qui convenaient à l'allégorie d'une source. M. Suchetet a mis trois années à parachever ce marbre plein de jeunesse, d'éclat et de poésie. Les œuvres durables veulent être longuement caressées.

M. Boisseau a représenté le *Crépuscule* sous la forme d'un Génie qui allume sa lampe nocturne pendant que des enfants sommeillent sous ses ailes puissantes. L'artiste a donné un corps de femme au personnage qu'il voulait créer. Le regard et l'attitude générale ont quelque chose de maternel. Le *Crépuscule* est une composition sobre et gracieuse.

Il n'y a que des éloges à adresser à M. Marqueste. *Cupidon* sous le ciseau de cet artiste a la désinvolture aimable, la ruse caressante que lui prêtent les poëtes. Nous goûtons moins le *Chanteur oriental* de M. Frère. Le marbre a de grandes qualités; mais la pose du chanteur est instable; elle manque de silence. Le visage est morne. Les angles des coudes et des genoux sont d'un fâcheux effet. On voudrait prêter l'oreille à la cantilène de l'enfant, et lorsqu'on le regarde, on est distrait.

M. Cordonnier n'a pas su prendre un parti. Son groupe *le Printemps,* inspiré d'Aristénète, relève à la fois de la réalité et de la fiction. Il ne sera pas compris par tout le monde, mais qu'importe, si la cadence des lignes, l'harmonie et le choix des plans font de ce marbre affiné une page décorative? L'artiste n'a peut-être pas ambitionné de faire autre chose.

« Il n'est donné à aucun mortel de descendre sous les cavernes de la terre s'il n'a enlevé de l'arbre la branche à la chevelure d'or. C'est le présent que la belle Proserpine s'est réservé. Le premier rameau arraché, un autre le remplace et se couvre aussitôt de feuilles d'or :

> .....*Primo avulso, non deficit alter*
> *Aureus.* »

Ceci, nous le savons tous pour l'avoir traduit au temps de notre jeunesse, est écrit au VI° livre de l'*Énéide.* Était-ce l'épigraphe qu'il convenait d'inscrire sur le socle du groupe de M. Tony Noël? Non, assurément, car il ne s'agit pas du rameau d'or dans cette composition. Deux lutteurs sont en scène. L'un est terrassé, l'autre, replié sur lui-même, est surpris dans l'effort du combat. Il n'a pas eu le temps de se redresser. Son corps nerveux et souple couvre celui de l'adversaire dont il a triomphé, et prévient la revanche du vaincu. Son œil rôdeur déjoue toute surprise. Son bras tendu montre qu'il est prêt à l'attaque. La force est la caractéristique de ce drame. Traduit en bronze, le groupe de M. Tony Noël pourra prendre place dans un jardin public, mais il faudra biffer le vers de Virgile inscrit dans la glaise à l'ébauchoir; rien ne justifie la présence de cette citation, prétentieuse autant qu'énigmatique.

II

M. Aizelin : *Marguerite*. — M. Carlier : l'*Aveugle et le Paralytique*. — M. Michel : l'*Aveugle et le Paralytique*. — M. Turcan : l'*Aveugle et le Paralytique*. — M. Hinglaise : *Chloé à la fontaine des Nymphes*. — M. Guilbert : *Daphnis et Chloé*. — M. Ogé : *Virginie*. — M. Susillo : *Un balcon andalou*.

C'est à la poésie que M. Aizelin a demandé le type recueilli de la jeune fille qui passe devant nous, les paupières baissées. Gœthe lui a donné l'être dans la langue parlée. Ary Schœffer l'a transportée sur la toile, M. Aizelin s'apprête à la sculpter dans le marbre. C'est bien *Marguerite*, qui plus tard doit dire à Faust :

> Eh ! n'avez-vous pas vu que je baissais les yeux ?

Il y a en effet dans le maintien de la jeune fille un certain trouble qui la trahit. Une pensée l'agite, et le soin qu'elle apporte à sa démarche, d'une dignité sereine, le calme qu'elle essaye de répandre sur ses traits ont quelque chose de voulu. Ces nuances que le poëte rend aisément saisissables par les mille détails du dialogue, le sculpteur est obligé de les écrire dans le modelé du visage, dans un pli de vêtement, dans la grâce légèrement apprêtée de l'œil ou des lèvres. M. Aizelin n'a rien omis de ce qu'il devait dire.

Florian, que me veux-tu ? N'est-il pas singulier que trois artistes se soient inspirés à la même heure d'une même page du fabuliste ? Si encore la pente générale de l'esprit français inclinait à l'heure actuelle vers les poëtes enrubannés du dernier siècle, nous comprendrions cette coïncidence. Mais Dieu sait si on lit de nos jours *Estelle et Némorin!* Au surplus, c'est un récit moins démodé que ne l'est l'histoire d'Estelle qui a servi de thème à MM. Carlier, Michel et Turcan. Tous les trois ont essayé de reproduire ce drame intime et populaire, tout parfumé d'amour fraternel, l'*Aveugle et le Paralytique*. Problème difficile. Toute infirmité physique est une dépression dont la cicatrice fait tache sur l'enveloppe humaine. Un infirme n'est jamais beau, si ce n'est peut-être pour l'œil de sa mère. MM. Carlier, Michel et Turcan ont donc fait preuve d'une grande audace en concevant un groupe composé de deux infirmes! La vigueur du modelé, le mouvement, une science myologique très-réelle recommandent l'œuvre de M. Carlier. L'*Aveugle* de M. Michel a trop présumé de ses forces : on dirait qu'il va fléchir. Cette réserve faite, signalons l'intensité de vie et d'action profondément écrite sur le groupe de M. Michel, aux proportions colossales. M. Turcan a été le mieux inspiré dans ce tournoi singulier. Ses personnages sont groupés avec un grand art. Le Paralytique a pris le bras de son porteur et permet à sa main d'effleurer l'obstacle contre lequel il pourrait trébucher. Plein de quiétude, ses grands yeux blancs dirigés vers le ciel comme si leurs prunelles éteintes devaient se rallumer sous l'action de la lumière, l'Aveugle marche d'un pas assuré. Son compagnon veille pour lui. Le regard du Paralytique est aux pieds de l'Aveugle. L'opposition savante que M. Turcan a voulu mettre dans la pose et dans le sentiment des têtes de ses personnages lui fait honneur. Nous comprenons moins la dissemblance établie par l'artiste entre le Paralytique drapé et l'Aveugle nu. Bien que celui-ci soit un jeune homme, doué par la nature de formes élégantes, et celui-là, un vieillard chez lequel il convenait sans doute d'atténuer certaines parties du corps, la logique réclamait que l'un comme l'autre fussent nus ou drapés.

Ce n'est pas un poëte d'hier qui a suggéré à M. Hinglaise le sujet de son œuvre. C'est un romancier grec, Longus, auquel il n'a manqué qu'un peu de naturel dans le style pour mériter d'être dit le Théocrite de la prose. *Chloé à la fontaine des Nymphes* est un marbre affiné, souple et discret. Peut-être l'artiste a-t-il accentué plus qu'il ne convenait l'expression de mélancolie écrite sur les traits de la jeune fille. Longus a fait son héroïne inconsciente et rieuse; c'est à peine si quelques larmes furtives sillonnent de temps à autre le visage de Chloé; la sérénité de son âme a promptement chassé toute tristesse.

M. Guilbert a mieux compris, ce nous semble, le caractère des personnages de Longus. Son groupe de *Daphnis et Chloé* est empreint de grâce et de naïveté. Que l'artiste traduise en marbre cette composition en ayant soin de faire plus visible le visage de Chloé, légèrement caché par la tête de Daphnis, et nous pensons qu'un succès est réservé à M. Guilbert.

M. Ogé a su mettre beaucoup de naturel et de convenance dans sa statue de *Virginie*.

M. Susillo a signé une œuvre très-spirituelle en gravant son nom sur le *Balcon andalou*.

III

M. Guillaume : *Castalie*. — M. Lombard : *Sainte Cécile*.

Ce n'est ni un poëte ni un conteur qui a inspiré M. Guillaume. C'est la source de toute poésie que l'artiste a voulu symboliser dans l'image sévère de la fille d'Achéloüs, *Castalia*, métamorphosée en fontaine par Apollon. Assise sur une roche saillante du Parnasse, Castalie a le torse découvert, les jambes drapées et pendantes. Sur la hanche droite de la nymphe est une lyre qu'elle tient debout, prête à vibrer. Le bras gauche pose sur l'urne traditionnelle d'où s'échappent les eaux généreuses qui confèrent le don de poésie et de divination. De fière allure et de grandes proportions, Castalie domine, dans son attitude d'immortelle, un pèlerin fatigué, impuissant à atteindre la source qu'il convoite et sur laquelle il attache un regard désespéré. Plus heureux, un Génie ailé se joue dans la nappe transparente où les Muses se désaltèrent. Deux amants, dans un pli du rocher, recueillent quelques gouttes de l'eau magique; un poëte médite au murmure de la fontaine.

Disons bien vite que l'alliance du réel et de la fiction est un écueil contre lequel se brisent ordinairement les sculpteurs. Les formes tangibles de la pierre ne prêtent pas à l'illusion avec autant de facilité que la couleur. Une apparition, un songe, le voisinage d'un être imaginaire et d'un être vivant sont d'une interprétation difficile en sculpture. Nous en avons une preuve dans le bas-relief de M. Lombard, *Sainte Cécile*, où nous voyons la jeune patricienne assise dans son appartement devant un clavier qu'elle effleure de ses doigts, pendant qu'un ange, sous la forme d'un éphèbe sans vêtements, debout devant elle, prête l'oreille à la mélodie de l'hymne sacré. Évidemment la pensée de M. Lombard est que cet ange demeure invisible à sainte Cécile, et que, dans sa ferveur, la douce patronne des musiciens trouve des accents qui n'ont rien de l'homme pour traduire l'élan d'une âme enivrée du divin. Ces chants qui remontent à Dieu, c'est du ciel qu'ils lui sont venus : Cécile les a recueillis avec amour, et elle en fait hommage à leur auteur, comme on offre aux souverains un or épuré par le creuset. M. Lombard, qui a d'ailleurs fait preuve d'un vrai talent d'exécution dans le travail de son bas-relief, ne nous taxera pas d'indifférence ou de précipitation à son sujet. Sa sculpture est d'un homme de mérite; sa composition reste défectueuse. L'ange posé devant sainte Cécile n'a pas moins d'importance que le personnage principal; il est au même plan, en action comme la sainte qui le tient sous le charme, et bien que M. Lombard ait pris soin de dépouiller cet habitant d'un autre monde, cet être à part, d'une nature différente de celle de la jeune Romaine assise devant lui, la fusion rêvée de la fiction et du réel, de l'élément divin et de l'élément terrestre, échappera certainement à la majorité des spectateurs de l'œuvre de M. Lombard.

M. Guillaume s'est montré plus habile. Il est probable que si la statue de *Castalie* avait été sculptée par son auteur au temps de Jean Goujon ou même de Puget, confiant dans l'érudition de son époque, le sculpteur se fût abstenu de tout commentaire. Il eût posé l'inspiratrice des Muses sur son bloc qui surplombe, ayant dans une main la lyre emblématique et répandant de l'autre les larges ondes de sa source propice. De nos jours, il en faut user plus prudemment. Castalie! qu'est-ce que Castalie? disent les visiteurs du Salon qui depuis quinze ans et plus n'ont lu que leur journal. L'artiste a voulu répondre à cette interrogation par ce que j'appelle ses « commentaires », c'est-à-dire les figures accessoires jetées çà et là sur le socle de la statue. Il s'agissait d'indiquer aux plus ignorants comme aux plus distraits en quoi Castalie diffère de Biblis ou de toute autre nymphe changée en source. Ce Génie qui se désaltère, cet autre qui médite, — poëte recueilli, — ces deux autres qui ressemblent à deux amants inquiets pour leur félicité s'ils ne retrempent leurs âmes aux flots jeunes que répand la fille d'Achéloüs aimée d'Apollon, précisent le caractère attaché par l'antiquité grecque à la fontaine de Castalie. Faudra-t-il voir dans ces figures secondaires un rapprochement fâcheux, une atteinte portée à l'unité de l'œuvre? Non. La plupart de ces personnages appartiennent au monde de la fiction, ce sont des Génies, le sculpteur leur a donné des ailes. Quel est leur séjour? Habitent-ils les enfers? A coup sûr, ce ne sont point des heureux, la sérénité de Castalie n'est pas leur partage, mais ce ne sont pas non plus des êtres humains. Au reste, et c'est en cela peut-être que l'artiste a montré plus de goût, les Génies altérés qui gravitent autour de la source enchantée sont de taille très-réduite. Leur présence aux pieds de Castalie n'a donc rien de choquant, et elle fixe le sens de la statue. Plus d'un artiste pourra faire son profit de cette alliance voulue, calculée, et, somme toute, heureuse d'éléments qu'il est toujours difficile de rapprocher et de fondre dans une œuvre sculptée. L'unité de la composition n'a pas souffert des accessoires dont il a plu à

M. Guillaume d'enrichir sa statue. Castalie, cette aînée des Muses, avec ses tempes couronnées, son front jeune et brillant, ses tresses soyeuses et légères, la cécité de ses yeux qui la rapproche des dieux antiques, ses lèvres sérieuses, fermées sans effort, les plans rhythmés d'un corps qui n'a rien de caduc, ses jambes enveloppées de draperies d'une sévère élégance, est un marbre de haut style. Le pied suspendu dans le vide, la main posée sur l'urne, les bras d'un galbe irréprochable sont des parties traitées avec un art supérieur. De pareilles œuvres n'ont pas de date et ne devront pas vieillir.

IV

M. Martens : l'*Innocence;* la *Coquetterie.* — M. Le Roy : *Portrait de M. Cabel; Portrait de mademoiselle* ***. — M. Hérain : *Portrait de M. Tilman.* — M. Dillens : *Hermès;* l'*Étrurie.* — M. Devillez : *Salomé.* — M. De Feu : *M. Carmoy fils.* — M. Van den Kerckhove : *M. de Montebello.*

Réparation d'honneur.

Il y a tantôt dix-huit mois que j'eus la bonne fortune de voir à Paris l'œuvre d'un sculpteur belge, destinée par son auteur à la décoration du square du Petit-Sablon, à Bruxelles. Le statuaire est M. Jean-Baptiste Martens; l'œuvre est une figure habilement posée, au coup d'œil mordant et railleur, aux lèvres fines, accoutumées au rire, à l'ironie, aux promptes répliques. Que représente ce narquois?

Un barbier-chirurgien du seizième siècle.

Le square du Petit-Sablon, je ne l'apprends à personne, renferme la statue de Lamoral, comte d'Egmont, prince de Gavres, baron de Fiennes, chevalier de la Toison d'or, décapité sur l'ordre du duc d'Albe lorsqu'il n'avait que quarante-six ans, et pour quel crime, grand Dieu! pour avoir essayé de contribuer à l'affranchissement de sa patrie lors de la révolte des Pays-Bas contre les Espagnols!

Au square du Petit-Sablon se dresse également la statue de Philippe de Montmorency-Nivelle, comte de Horne, convaincu d'avoir eu des intelligences avec le comte d'Egmont, et comme lui décapité.

Quel cortége convenait-il de donner aux deux patriotes? Quelle cour devait-on réunir autour de ces princes? Il était naturel que les bourgeois de Bruxelles, les gens de métier, tous ceux qui constituent le sol vivant de la cité fissent cortége à ces vaillants qui avaient payé de leur tête le rêve généreux et patriotique dont ils s'étaient épris.

C'est ainsi que le peuple de Bruxelles revit dans les maîtres meuniers, dans les maîtres cordonniers, dans les serruriers, dans les barbiers-chirurgiens dont le bronze souriant et résolu ressemble à l'évocation magique de la cité, telle que les historiens du seizième siècle la représentent. Tous portent le costume de l'époque où ils suivaient le comte d'Egmont lorsqu'il réclamait de leur foi patriotique l'œuvre souveraine de l'affranchissement.

Nous ne pouvons dire ce que sont les figures décoratives du square du Petit-Sablon. Seule, la statue modelée par M. Martens nous est connue. Le Figaro flamand a la finesse caustique qui tient à son art. Dans les Pays-Bas aussi bien qu'à Séville, les barbiers ont de l'esprit.

L'habileté dont a fait preuve M. Martens dans l'exécution de son barbier-chirurgien n'a rien qui doive surprendre. Dès 1867, M. Martens se faisait remarquer à Paris par une statue de *Nymphe*. Aux Expositions de Gand et d'Anvers, les connaisseurs ont applaudi au talent déployé par le statuaire en des œuvres délicates, souples, affinées. A Bruxelles, en 1869, les compatriotes de M. Martens lui décernaient un prix. En 1880, le fils du sculpteur, M. Jules Martens, peintre de paysages, exposait à Gand avec succès.

En 1883, au Salon de Paris, c'est le statuaire qui seul entre en lice. Une statue de l'*Innocence*, un buste en marbre de la *Coquetterie* le rappellent aux suffrages des gens de goût. Mon silence envers M. Martens avait été long, et vraiment je me sentais en faute vis-à-vis d'un artiste courageux, devenu l'hôte volontaire de la France.

M. Hippolyte Le Roy, un Liégeois, a exposé deux bustes en plâtre : *Portrait de M. Cabel, Portrait de mademoiselle* ***. M. Hérain, de Louvain, élève de l'Académie royale de Bruxelles, envoie un buste et des médailles. Ce n'est là qu'une promesse.

Plus importante est l'exposition de M. Dillens, dont l'*Hermès*, bronze et marbre, et l'*Étrurie*, un buste en vieil argent, donnent la mesure du talent de l'artiste dans le travail du métal ; il a déjà le tact subtil exigé par l'art du toreuticien.

M. Devillez, né à Mons, s'est épris de la sculpture assyrienne. Son bas-relief très-méplat représentant *Salomé* est conçu dans un style archaïque que les statuaires de Nabuchodonosor ont porté à un rare degré de perfection. Il y a bien quelque chose d'étrange dans le profil allongé et aminci de son personnage qui tient sur un plateau ciselé la tête du Précurseur. Au surplus, ce qui étonne dans l'œuvre de M. Devillez, c'est cette recherche voulue d'un style oublié et primitif pour la représentation d'une scène historique qui a sa date précise dans la chronologie, et qui pouvait être parlée avec plus de liberté que ne l'a voulu faire M. Devillez. Les Parisiennes de 1883 n'ont pas nécessairement le type des femmes du douzième siècle ; il n'était donc pas utile d'infliger à la fille d'Hérodiade, qui vécut au premier siècle de notre ère, le type des Assyriennes du septième siècle de l'antiquité. Chacun sait, au surplus, que les sculptures d'Assyrie ou d'Égypte, remarquables par l'exécution, ne sont pas sans lacunes au point de vue des proportions et de l'attitude. Que pense donc M. Devillez de se condamner par une imitation trop littérale à des fautes de langue qu'il était en mesure d'éviter? Son modelé plein de grâce et de savoir est le signe de l'aptitude de sa main à retrouver le style de Jean Goujon. M. Devillez fera bien de prendre ce maître pour modèle et de substituer à la roideur antique des Assyriens la souplesse exquise de Goujon, ravie par le maître français aux Grecs du siècle de Périclès. Le programme est vaste ; il est élevé. M. Devillez se laissera-t-il tenter ?

M. De Feu, d'Anvers, a exposé le buste de *M. Carmoy fils*, et M. Van den Kerckhove, également né à Anvers, est l'auteur du buste de *M. de Montebello*, ministre de France à Bruxelles. Encore que les envois de ces deux artistes ne soient pas considérables, je salue volontiers le portrait de notre représentant à la cour de Belgique. Sculpté par un statuaire belge et placé au Salon de Paris, ce portrait, robuste et sévère, est un hommage délicat dont la portée ne peut échapper à la critique française.

V

M. Delaplanche : l'*Ensommeillée*. — M. Falguière : l'*Asie*. — M. de Vauréal : *Persée*. — M. Germain : la *Fée*. — M. Frémiet : *Porte-falot*. — M. Tourgueneff : *Roulier*. — Mademoiselle Thomas : *En vedette*. — Mademoiselle Adam : *Étude*. — M. Carlès : la *Jeunesse*. — M. Injalbert : *Titan supportant le monde;* le *Tibre*. — M. d'Astanières : le *Remords*. — M. Félix Martin : *Orphée reperd pour toujours Eurydice*. — M. de Saint-Vidal : la *Nuit*.

Le talent de M. Delaplanche est connu, et sa statue de l'*Ensommeillée* est assurément composée par un homme habile; mais que parlé-je de statue? l'œuvre qui m'occupe n'est guère qu'une figurine. A plus d'un point de vue elle confine à la sculpture de genre. M. Delaplanche peut mieux faire; nous l'attendons au Salon triennal. Assise dans sa robuste stature, l'*Asie* de M. Falguière n'est point sans mérite, bien que ses proportions soient défavorables. Nous avons regretté en 1878 que cette figure décorative, placée sur une terrasse dominant un château d'eau, devant le palais du Trocadéro, se trouvât déprimée par l'architecture du monument. Cependant il s'agissait alors d'un modèle de grandes proportions. Passant d'un extrême à l'autre, M. Falguière a fait de l'*Asie* une statuette.

Le *Persée* de M. de Vauréal cache son trophée, ce qui le rend très-dissemblable du *Persée* de Cellini; mais le silence qui résulte de la pose adoptée par M. de Vauréal pour son personnage permet d'en apprécier à loisir la forme, le mouvement et le naturel.

Le groupe de M. Germain, la *Fée,* manque de vigueur :

si l'artiste ne soutient pas le modelé de ses personnages lorsqu'il attaquera le marbre, son œuvre aura perdu toute solidité en recevant sa forme dernière.

M. Frémiet ne fléchit pas dans son culte pour l'archéologie. Le *Porte-falot* à cheval qu'il a modelé pour l'Hôtel de ville a toute l'exactitude désirable quant à la fidélité du costume; toutefois, que de roideur! La Renaissance italienne a peuplé Florence de ses cavaliers de bronze, mais apparemment les maîtres de ce temps-là avaient moins de respect pour les lignes droites que n'en témoigne M. Frémiet. Au surplus, c'est un plâtre que nous avons sous les yeux; il se peut que la teinte du bronze enlève aux jambes du cavalier quelque chose de leur rigidité.

Parmi les figures équestres, rappelons le *Roulier* de M. Tourgueneff. Il y a beaucoup d'aisance dans cette composition.

Mademoiselle Thomas a sculpté un officier sur son cheval qu'elle désigne au livret par les mots *En vedette*. Le mouvement plein de naturel que l'artiste a su donner à son cavalier mérite qu'on le signale. Une grande simplicité dans le travail distingue l'*Étude* de mademoiselle Adam. La pose de sa jeune fille est des plus heureuses. Le choix des formes témoigne du goût de l'artiste. Nous espérons que mademoiselle Adam voudra traduire en marbre cette nouvelle œuvre.

Saluons la *Jeunesse* de M. Carlès, mais attendons le retour de cette figure sous sa forme définitive.

M. Injalbert nous ramène vers les dieux de la Fable avec son *Titan* ployé sous le poids du ciel.

> Qui donc le courbe ainsi? Quelle sueur l'inonde?
> Atlas leur répondit : C'est que je porte un monde!

La légende d'Atlas racontée par Diodore de Sicile n'est

pas un thème d'une exécution aisée pour l'art statuaire. La sphère énorme dont M. Injalbert a chargé les épaules du Titan est d'un effet disgracieux ; comment l'artiste ne s'en est-il pas douté? On voudrait une étude plus serrée dans le corps de ce géant condamné, dont les jambes et le torse ont dû fléchir à se rompre! Atlas devrait nous intéresser à son supplice, et si nous ne répétions pas le mot de Marie-Thérèse devant le *Milon de Crotone* à la vue de ce grand vaincu, il faudrait au moins qu'il appelât sur nos lèvres l'antique *œstuat infelix!* M. Injalbert peut faire mieux, et puisqu'il a tenté de modeler de grandes figures, quelle pensée l'a conduit à symboliser le *Tibre* dans un buste? Et pourquoi ce regard anxieux donné au Tibre qui ravage ou féconde selon son gré? Ce n'est pas là le fleuve de Rome qui part des Apennins pour aller se perdre dans la mer Tyrrhénienne.

Les colosses ne séduisent ordinairement que les artistes courageux. Qui donc a dit : « Les longs ouvrages me font peur »? M. d'Astanières n'a pas lu cet écrivain timide, et sans s'effrayer il a modelé dans des proportions presque démesurées une allégorie du *Remords*. Il y a sur plus d'un point de cette statue des traces d'un travail précipité. Quelques ratures sont à faire, mais l'artiste voudra garder certaines parties de son modèle qui sont loin d'être banales ou incorrectes.

Une somme d'efforts très-remarquable a été dépensée par M. Félix Martin dans son groupe d'*Orphée*. Le roi de Thrace avait obtenu de ramener Eurydice parmi les vivants. Ayant failli à son serment, en jetant un regard sur son épouse, celle-ci s'évanouit, et Mercure l'emporte à jamais dans le royaume des ombres. Les trois acteurs du drame sont en scène. Eurydice et Mercure sont avantageusement posés. Il est regrettable que la tête d'Orphée soit peu visible; c'est sur ses traits que devait se résumer l'angoisse de la séparation. Tel qu'il est, le groupe est décoratif. Mais était-ce vers le ciel, vers la lumière, qu'il convenait de représenter Mercure emportant Eurydice? C'est aux enfers que l'épouse d'Orphée doit rentrer. Il eût été logique de l'indiquer. Nous serions, en outre, bien tenté de reprocher à Mercure l'expression de mélancolie répandue sur ses traits. Les dieux antiques ont-ils jamais eu de ces faiblesses en face des catastrophes humaines? Mais, à tout prendre, puisque la tête de Mercure domine, la tristesse qui l'agite tempère ce qu'il y a de cruel dans la mission dont il s'acquitte. Nous aimerions toutefois que la pression de la main de Mercure sur la poitrine d'Eurydice fût moins violente. Diderot, au cours de sa critique du Salon de 1765, a deux pages sur « les effets de nature qu'il faut ou pallier ou négliger ». M. Félix Martin, qui est jeune, enthousiaste et docile, voudra relire ces pages de Diderot avant de mettre aux points le marbre de son groupe.

Poëte et sculpteur, Michel-Ange cherchait dans le marbre l'image de la *Nuit*, et il lui prêtait une langue en des vers que tout le monde a retenus. M. de Saint-Vidal, né dans la patrie de Michel-Ange, a sculpté un groupe de la *Nuit* auquel il donne, lui aussi, pour épigraphe des vers de sa composition. Son groupe n'a peut-être pas la simplicité que pourrait offrir une figure isolée. Toutefois, la figure de la *Nuit* qui domine l'ensemble est d'un jet heureux. L'éphèbe de gauche intéresse par sa pose, et le mouvement général de cette page de sculpture est d'un artiste de talent doublé d'un penseur.

VI

M. Chatrousse : *Jeune Contemporaine*. — M. Prouha : *Passage de Vénus*. — M. Charles Gauthier : la *Seine;* la *Marne*. — M. Le Bourg : le *Travail*. — M. Delhomme : *Jeune Gaulois préparant son arme*. — M. Chrétien : *Guerrier forgeant son épée*. — M. Truffot : *Amazone libyenne*. — M. Madrassi : *Titania*. — M. Desca : le *Chasseur d'aigles;* l'*Ouragan*. — M. Guillaume : *Patin*. — M. Oliva : *Eugène Chevreul*. — M. Mathieu-Meusnier : *Mademoiselle Pauline B***;* le *Prince Romuald Giedroyc*. — M. Destreez : *Adam-Salomon*. — M. Longepied : *Labrouste*. — M. Schrœder : *M. Got; M. Delaunay*. — M. Capellaro : *Daguerre*. — M. Maximilien Bourgeois : *M. Soitoux; Jeune Fille; M. Oscar de La Fayette*. — M. Chaplain : *Gambetta*. — M. Louis-Noël : *Portraits d'enfants*. — M. A. Rubin : *Philippe de Girard*. — M. de Vercy : *Madame A. B.* — M. Allouard : *Madame B. de la Barre*. — M. Mora : *M. Auguste Nicolas*. — Le prince Michel Giedroyc : le *Prince Romuald Giedroyc*. — Madame de Cizancourt : le *Général de B****. — Mademoiselle Thomas : *M. Labiche*. — Mademoiselle Valérie : *Beethoven*. — Mademoiselle Marguerite Franceschi : *Madame P.* — Mademoiselle Marie-Jeanne Franceschi : *Mademoiselle ****.

M. Chatrousse, qui sait, quand il le veut, aborder une page de style, se plaît depuis quelques années à la représentation de la femme vêtue du costume moderne. Sa *Jeune Contemporaine* ne fera pas oublier la *Jeune Parisienne* du même auteur, exposée au Salon de 1876 ; mais c'est une œuvre habile, d'un caractère suffisamment élevé pour qu'on ne soit pas tenté de la classer parmi les sujets de genre que la sculpture comporte malaisément.

Le bas-relief de M. Prouha, *Passage de Vénus*, est ingénieusement compris et d'un aspect agréable. Le dessin, la pose, le modelé des bras et des jambes méritent de sérieux éloges. La figure de Vénus plane avec non moins d'aisance que les figures aériennes de Prud'hon, et ses contours ont la finesse et la fermeté d'un profil d'Ingres.

M. Charles Gauthier s'est souvenu de Jean Goujon lorsqu'il a composé ses deux bas-reliefs la *Seine* et la *Marne*. Ces figures méplates, rendues avec un art plein de goût, font songer aux bas-reliefs du Phidias français à l'hôtel Carnavalet et à la fontaine des Innocents.

Plus moderne est M. Le Bourg avec son allégorie du travail contemporain. C'est bien le *Travail* qu'il dresse devant nous, dans sa rudesse, dans son énergie, dans sa probité. Le forgeron, assis sur son enclume, n'a rien de trivial. Les accessoires ne bruissent pas autour de cet homme que la fatigue a dompté sans l'abattre.

Je ne puis omettre de signaler MM. Delhomme, l'auteur du *Jeune Gaulois préparant son arme;* Chrétien, qui a signé le bronze *Guerrier forgeant son épée;* Truffot, le sculpteur de *l'Amazone libyenne;* Madrassi, qui expose une statue de *Titania*, œuvres robustes et de saine facture. Il convient de rapprocher de ces noms celui de M. Desca, l'auteur du *Chasseur d'aigles,* préférable, selon nous, à l'allégorie un peu courte de l'*Ouragan*.

Mais c'est assez parlé de l'allégorie, dont le terme dernier est la représentation de la grâce impersonnelle. Le génie français incline plus naturellement vers Rome que vers Athènes. L'image individuelle le séduit; aussi le portrait et la sculpture d'histoire recueillent-ils chez nous de fréquents hommages. Notre race se retrouve et se reconquiert aisément dans l'interprétation de la personne humaine. Elle ne s'élève pas sans effort jusqu'à la conception du type. Les statues iconiques, les bustes qui en sont les fragments, relèvent, ce semble, plus que toute autre composition, de l'école française de sculpture. Ne le regrettons pas. L'art romain, moins achevé, moins idéal que l'art grec, a su se mouvoir avec assez de liberté dans les limites sévères de la ressemblance pour laisser des chefs-d'œuvre qui, depuis plus de vingt siècles, n'ont pas épuisé l'admiration des maîtres.

Les portraits abondent au Salon. L'honnêteté simple de l'écrivain demeuré fidèle au culte des lettres est gravée dans le marbre vivant de *Patin*, l'ancien secrétaire perpétuel de l'Académie française. Ce buste est de M. Guillaume. La science aimable, le sourire éternel du « doyen des étudiants » ont été rappelés par M. Oliva sur le buste un peu dur de l'illustre centenaire, *Eugène Chevreul*.

Sans aucun doute, M. Mathieu-Meusnier s'est souvenu du vers de Chénier :

Sur des pensers nouveaux faisons des vers antiques,

lorsqu'il a dû sculpter le buste de mademoiselle *Pauline B.* C'est une œuvre excellente, sobre et idéalisée, telle que l'eût voulu faire un sculpteur de l'ancienne Rome. Le portrait du prince *Romuald Giedroyc* est de facture plus moderne.

M. Destreez a modelé la tête d'*Adam-Salomon*, le sculpteur préféré de Lamartine : c'est un profil empreint de poésie. M. Bailly a dû reconnaître son prédécesseur à l'Académie des beaux-arts, *Labrouste*, dans le buste grave et simple signé par M. Longepied. Nous ne quittons pas le groupe attachant des portraits d'artistes avec M. Schroeder, qui a pétri d'un doigt savant et nerveux *M. Got* et *M. Delaunay*, les deux légionnaires de la Comédie française. *Daguerre* avait une tête ingrate dont M. Capellaro a tiré bon parti.

M. *Soitoux*, l'élève de David d'Angers, doit à M. Maximilien Bourgeois un médaillon que David eût certainement signé en ses plus belles années. Le profil de M. Soitoux est traité d'une main délibérée; sa longue chevelure roule en torsades éclatantes d'une surprenante légèreté. Graveur en médailles d'un rare talent, M. Maximilien Bourgeois compte au Salon un portrait de *Jeune Fille* d'un modelé remarquable. Le même artiste a en outre sculpté dans de grandes proportions le buste de *M. Oscar de La Fayette* : c'est une tête pensive, aux lèvres reposées. De belles draperies donnent à ce portrait un grand caractère décoratif.

Revenons aux médailles pour signaler celle de M. Chaplain d'après *Gambetta*. C'est une effigie puissante, sommairement conçue et traitée avec une concision presque archaïque. Cette médaille restera.

Deux bustes d'*Enfants*, signé de M. Hubert Louis-Noël, doivent être signalés. Le travail du marbre y est irréprochable, et l'expression mutine et résolue de ces deux enfants est rendue avec un rare bonheur. M. Auguste Rubin a fait un bon portrait de *Philippe de Girard*. M. de Vercy se rappelle à l'attention du critique par son excellent buste de *Madame A. B.* qu'il ne manquera pas d'exposer en marbre. Les portraits de *Madame B. de la Barre*, par M. Allouard; de *M. Auguste Nicolas*, par M. Mora; du prince *Romuald Giedroyc*, par le prince Michel Giedroyc, sont des marbres d'un style élevé.

Nous n'avons jamais écrit le nom de madame de Cizancourt, dont il convient de louer le buste en bronze du *Général de B*. Mademoiselle Thomas, l'auteur du groupe *En vedette*, dont nous parlons plus haut, a sculpté le portrait de *M. Labiche*, de l'Académie française; c'est une œuvre aussi spirituelle que l'exigeait le modèle. Le profil attristé et plein de sourde révolte de *Beethoven* n'a rien perdu à être modelé par mademoiselle Valérie. De nombreux historiens se sont demandé si la sculpture n'était pas un art héréditaire dans la famille de Phidias que l'on suppose élève de Charmidès, de même que Socrate le fut de Sophronisque, son père. Une semblable question ne saurait être posée devant les bustes de *Madame P.* et de *Mademoiselle* ***, sculptés par mesdemoiselles Marguerite et Marie-Jeanne Franceschi. Évidemment l'art est héréditaire dans la maison de M. Franceschi.

VII

M. Barrias : les *Premières Funérailles.* — M. Hiolle : *Ève.* — M. Pilet : *Bethsabée.* — M. Ottin : *Campaspe.* — M. Fagel : *Martyre de saint Denis.* — M. Lambert : *Ève.* — M. Jouandot : *Victor Louis.* — M. Oudiné : *Ingres.* — M. Degeorge : *Hippolyte Flandrin.* — M. Crauk : le *Général Faidherbe* — M. Croisy : le *Général Chanzy.* — M. Lormier : *Jacqueline Robins.* — M. Loison : *Pigalle.* — M. Jules Thomas : le *Baron Taylor.* — M. Dalou : la *République; Séance du 23 juin 1789 aux États généraux.*

Du portrait à la sculpture d'histoire la distance n'est pas grande. L'artiste assez maître de son esprit et de sa main pour exécuter un buste sans lacunes est bien près de pouvoir faire une statue. Mais toute statue d'un personnage ayant existé ne relève pas fatalement de la sculpture historique proprement dite. Les personnages semi-héroïques que des siècles nombreux séparent de notre âge manquent nécessairement d'individualité iconique. L'artiste ne peut les représenter : il les interprète. Les traits de leur visage, les formes de leur corps, leur attitude, toutes ces choses qui aident si puissamment le statuaire, lorsqu'il doit reproduire un homme illustre appartenant aux temps modernes, doivent être cherchées pour les personnages anciens dans les textes où il est parlé de leurs actions. Le critique est donc tenu de distinguer entre ces catégories de personnages, et l'analyse d'une figure d'*Ève* ne doit pas être faite d'après la même méthode que celle dont on peut user dans l'examen d'une statue de *Mirabeau*.

Les *Premières Funérailles*, par M. Barrias, ont été le

plus grand succès du Salon de 1878. Le marbre n'augmentera pas la réputation de l'artiste qui a conçu ce groupe. La tête d'Adam, avec ses cheveux incultes, est plus étrange que belle. Elle n'a pas non plus la vigueur attestée par le corps d'Adam. Ève, qui marche à côté de lui, dans un état de complète nudité, n'est pas cette mère du genre humain dont nous parle la Genèse; ce n'est pas même la mère de cet adolescent qu'on emporte à la tombe : tout au plus l'artiste l'a-t-il faite la sœur jumelle du jeune mort. Nous regrettons que, dans sa douleur, il n'y ait pas plus de passion. Ce sont les cheveux de son enfant qu'elle effleure de ses lèvres : une vraie mère eût collé sa bouche sur le front pâli et déjà froid d'Abel. Le bras droit du mort n'est pas posé d'une façon naturelle; la main glisserait bien vite si les muscles du bras étaient inertes, comme on est en droit de le supposer. Mais ce sont là des taches secondaires dont il serait injuste d'exagérer l'importance. Le groupe des *Premières Funérailles* est une page originale, offrant de très-belles parties. Le corps d'Abel est délicatement modelé, bien ramassé sur lui-même entre les bras d'Adam. Ève a la morbidesse et la grâce d'une pleureuse antique. Si le caractère biblique de la scène est moins sensible dans le marbre de M. Barrias qu'il ne l'était peut-être dans le plâtre, un drame douloureux n'en demeure pas moins écrit avec art, avec élévation, dans cette œuvre de bon style, la plus distinguée qui soit sortie des mains de M. Barrias.

L'*Ève* de M. Hiolle gagnerait à ce que ses formes fussent plus passées, c'est-à-dire plus sveltes; la tête n'est pas sans lourdeur, mais il n'y a qu'à louer la pose et l'expression de cette femme en lutte intérieure avec elle-même. M. Hiolle a clairement écrit sur le marbre de sa statue l'angoisse de la tentation. *Bethsabée*, par M. Pilet; *Campaspe*, par M. Ottin, sont des compositions dans lesquelles l'étude de la forme a visiblement préoccupé l'artiste. L'une et l'autre de ces statues se recommandent par une heureuse réunion de traits épars, habilement choisis, mais l'action trop sommairement indiquée ne retient pas l'esprit. Au contraire, c'est l'action qui attire devant le groupe de M. Fagel, Martyre de saint Denis. L'opposition sagement rhythmée que l'artiste a su mettre entre ses deux personnages, différents par le type, le caractère, l'attitude, intéresse le spectateur. Le groupe de M. Fagel est une promesse qui oblige. Excellente l'*Ève* de M. Lambert.

Nous entrons dans les temps modernes avec M. Jouandot, l'auteur de la statue de *Victor Louis*, en costume du dernier siècle. C'est une figure élégante, aisée, riche. Victor Louis, architecte du théâtre de Bordeaux, reçoit de la main de M. Jouandot un hommage tardif, mais brillant. Sa statue fera bonne contenance dans le vestibule du monument construit par ses soins.

Le maître et l'élève, *Ingres* et *Flandrin*, revivent dans des œuvres rivales. M. Oudiné, l'auteur de la statue d'Ingres, a été mieux inspiré que M. Degeorge, le sculpteur de la statue de Flandrin. Ingres est debout en costume de ville, un crayon dans la main. La tête est nue. Le visage est empreint d'enthousiasme et de volonté. Tel n'est pas Flandrin, qui marche le front bas, le visage résigné, les pieds embarrassés dans des accessoires de tout genre, un carton d'écolier sous le bras. A quoi bon tout ce bruit, lorsque j'aimerais à voir la tête sympathique, rêveuse et grave du peintre des « Panathénées chrétiennes », de Saint-Vincent de Paul?

Cette fois, M. Crauk s'est trompé. Sa statue n'est pas

celle du *Général Faidherbe*, « commandant en chef de l'armée du Nord en 1870-1871 ». Le commandant en chef de l'armée du Nord est connu. Ses traits ont été maintes fois reproduits. Le général, en ce temps-là, portait toute sa barbe, et elle était superbe. M. Crauk allèguera-t-il que le grand chancelier n'a plus sa barbe ? Soit. Nous regretterons encore que l'artiste ait donné si peu de volume à la tête de son modèle.

Faidherbe et Chanzy, les seuls vainqueurs de l'année terrible! *Chanzy* est couché sur son lit de mort, dans son costume militaire, comme si un général devait toujours être prêt à se relever. C'est M. Croisy qui a modelé cette statue, destinée sans doute à la décoration d'un tombeau. La tête est fort belle. Le front est puissamment rendu.

Le souffle patriotique qui anime la statue de Chanzy distingue également celle de *Jacqueline Robins*, par M. Lormier. Sous son costume simple, quelque peu grossier, on sent battre une âme. L'œil est d'un éclat surprenant. La volonté, alliée à la prudence, se devine dans la pose, dans l'expression de cette femme du peuple qui, au péril de sa vie, put ravitailler, en 1710, Saint-Omer assiégé. Pourquoi Paris n'a-t-il pas eu, en des temps plus proches, une Jacqueline Robins !

Je salue le *Pigalle* de M. Loison. Le *Baron Taylor*, par M. Thomas, me retient. C'est bien là l'homme de volonté, aux gestes prompts et résolus, au front vaste et mobile, que nous avons tous connu. M. Thomas a traité les mains de sa statue en homme rompu aux ressources de son art.

Enfin, nous voici devant les ouvrages de M. Dalou. L'un de ses hauts reliefs s'intitule *la République*; l'autre rappelle la *Séance du 23 juin 1789 aux États généraux*. Ce sont ces deux ouvrages qui ont obtenu la médaille d'honneur, et M. Dalou a été l'objet de l'attention générale pendant toute la durée du Salon.

Le haut relief *la République* représente deux personnages nus, debout, échangeant une accolade fraternelle. Ils occupent le centre. Au-dessus d'eux planent des figures saillantes ; à gauche et à droite, des personnages épisodiques ont pour mission de symboliser la fin des guerres et la venue de l'âge d'or. Sur le sol, des armes brisées, des accessoires sans nombre et de toute nature.

C'est à Michel Anguier, un sculpteur français, que nous demanderons ce qu'il faut penser de cette composition. Anguier ayant eu à prononcer le 9 juillet 1673, devant l'Académie de peinture, une conférence sur l'*Art de traiter les bas-reliefs*, s'exprima en ces termes : « Il faut savoir bien le sujet qu'on doit représenter, et comme un bon poëte fait sentir un grand sujet en peu de vers, il faut rendre le point d'histoire avec peu de figures et retrancher toutes les petites choses qui ne peuvent qu'embarrasser la place et l'esprit de l'artiste. Cette simplicité donnera du mouvement aux principales figures ; c'est ce que les Italiens appellent *campegiare*, ce que nous définissons en français par *donner du champ*. » M. Dalou n'a pas daigné suivre le conseil de Michel Anguier. Il a omis de « donner du champ » autour de ses deux réconciliés sur lesquels l'œil ne se pose pas sans peine lorsqu'on arrive en face du haut relief, tant le regard est sollicité, distrait, occupé par les innombrables saillies de cette page modelée. Tel que son auteur le concevait au point de vue du nombre, peut-être ce haut relief eût-il été sensiblement amélioré dans sa pondération générale si les deux personnages du milieu se fussent présentés au regard d'une façon moins improvisée. On a beau dire, des épaules d'homme et des bras intéressent moins que des têtes intelligentes, viriles et jeunes. Ces têtes, nous supposons qu'elles existent, mais la pose des deux hommes ne nous permet d'en voir que la nuque. Cependant, il y a des qualités dans la *République* de M. Dalou. Si l'artiste s'est abstenu de suivre l'exemple des « bons poëtes qui font sentir un grand sujet en peu de vers », s'il a surchargé son œuvre d'anecdotes, chacun de ces détails est pris sur le vif, la forme est savante, quelquefois châtiée, et sur tous les points de l'œuvre une liberté voisine de l'exubérance se révèle dans les accents mal contenus du relief. Somme toute, la composition n'est pas une, elle est épisodique; quant à l'exécution, on la voudrait voir appliquée non pas à une idée plus noble, car il n'en est pas de supérieure au principe de la fraternité, mais sur un thème plus sobre, plus grand, plus saisissant.

Des deux hauts reliefs de M. Dalou, c'est celui des *États généraux* que nous préférons. Mirabeau occupe le centre, il a devant lui le marquis de Dreux-Brézé, et il prononce les paroles célèbres : « Nous sommes ici par la volonté du peuple, et nous n'en sortirons que par la force des baïonnettes. » Nous faisons grâce à notre lecteur de la phrase, entendue seulement par Lameth, vers lequel Mirabeau s'était penché. Le bureau de l'Assemblée et l'Assemblée elle-même emplissent le champ de la composition. Nous nous souvenons que la critique d'antan fit un grave reproche à Rude d'avoir dans son haut relief de l'Arc de triomphe, le *Départ*, conçu plusieurs personnages de telle sorte que certaines parties du corps sont en demi-ronde bosse, tandis que les autres se perdent dans la paroi du monument. Un semblable grief pourrait être formulé contre M. Dalou. Ses *États généraux* comportent des figures de tout ordre, depuis la ronde bosse jusqu'au bas-relief le plus effacé. Tant de licence est faite pour surprendre l'attention publique. L'artiste, en mélangeant les genres, a bénéficié de tous dans une certaine mesure ; mais par cela même qu'il n'a pas su prendre un parti, son œuvre, avec les années, perdra de la notoriété, de l'éclat dont on l'a entourée au Salon de 1883.

Mirabeau, entre tous les personnages de ce haut relief, est le moins heureux. La corpulence massive et carrée du tribun, traduite avec emphase, tombe dans la lourdeur. L'orateur qui tient tête à la Monarchie ne paraît pas convaincu. Il se gonfle comme s'il avait à dompter des foules. Son cou n'est pas visible. L'homme est presque grotesque. Par contre, le marquis de Dreux-Brézé est irréprochable d'élégance aristocratique, de dignité, de calme. Cette figure, placée en face de Mirabeau, témoigne chez M. Dalou d'une fécondité de ressource plus qu'ordinaire. Un homme du peuple, les bras nus, à gauche, emporte une banquette. Épisode burlesque et déplacé. Le symbolisme du haut relief dans lequel est rappelée la date initiale d'un nouvel ordre de choses défendait à M. Dalou d'éveiller l'idée d'achèvement, de défaite, de vide. Or ce déménageur inopportun, — qu'on me passe le mot, — ferait croire que c'en est fait de l'Assemblée, et que, bon gré, mal gré, Mirabeau sera le vaincu de la journée. Il en fut le vainqueur. Les députés, au nombre de soixante-cinq environ, qui occupent la partie droite du haut relief sont pour la plupart remarquables quant à la pose et à l'expression. Le modelé des formes est, là encore, brillamment improvisé. Les personnages que nous avons sous les yeux ont-ils compris la portée politique de la résistance de Mirabeau ? Pas encore. Beaucoup se montrent surpris. D'autres marquent un certain effroi ; les nuances les plus diverses de la passion trahissent chez plusieurs l'indécision de l'esprit. Cependant quelques-uns se sont fièrement levés, ils menacent du regard l'envoyé royal ; l'un d'eux a pris une pose de bélier et paraît prêt à se ruer sur Dreux-Brézé.

Tel est le haut relief de M. Dalou. Plus encore que dans la *République* on a voulu voir dans les *États généraux* la mesure d'une fertilité de pensées qui ferait honneur au statuaire. De tous côtés on allait répétant : « M. Dalou est vraiment lui-même, il n'a imité personne ! » De là, le succès de l'artiste, succès que la médaille d'honneur est venue sanctionner. Eh bien, il en faut rabattre. M. Dalou, dans la circonstance, est un habile praticien, rien de plus. Ses *États généraux* ne sont pas sa création, c'est Raffet qui en est l'auteur. La planche existe, elle est connue, l'épreuve coûte environ vingt-cinq centimes! Mirabeau, Dreux-Brézé, sont là, précisément à la place et dans l'attitude que leur a données M. Dalou. Là aussi, est l'homme à la banquette qui nous choque dans le haut relief. Il n'y a pas jusqu'aux membres de l'Assemblée qui ne soient posés avec la même symétrie, chez le vignettiste et chez le statuaire [1]. M. Dalou n'a donc été qu'un traducteur, et la véritable signature qu'il convient de graver sur la plinthe de son travail est : « *Raffet inv. et del.; Dalou sculp.* » Ceci posé, nos éloges n'iront pas sans restriction. Les vrais sculpteurs, qu'ils relèvent d'eux-mêmes ou s'inspirent d'autrui, ne s'affranchissent jamais des lois de leur art. M. Dalou confond les genres avec une indépendance d'esprit qui lui sera funeste.

Les historiens de Lysippe racontent que chaque œuvre

---

[1] On trouvera la planche de Raffet dans le *Musée de la Révolution, Histoire chronologique de la Révolution française*, par Thiers, Montgaillard, Mignet et Lacretelle. Paris, Perrotin, 1834, in-8°. Elle a pour titre : *Séance royale,* 1789. Elle est signée : *Raffet del., Dutilois sc.*

du sculpteur grec lui permit de mettre en réserve un denier d'or. Comme Lysippe, M. Dalou a reçu un denier d'or; c'est l'acclamation publique qui le lui a décerné. Le conservera-t-il? Le succès d'hier, ne fût-il pas usurpé, sera-t-il durable? Lorsque le bronze aura enlevé aux *États généraux* cette lumière indispensable à toute page bruyante, lumière que la teinte blanche du plâtre appelle et retient, tandis que le bronze éteint toute clarté; lorsque les hauts reliefs de M. Dalou, soumis à des examens réfléchis, auront été l'objet de critiques approfondies, le renom de leur auteur sera-t-il maintenu? Oui, si leur auteur sait assagir son esprit et sa main; oui, s'il compose d'après les lois respectées depuis Phidias jusqu'à nos jours; oui, si le succès d'hier n'est pour lui qu'un point de départ, et non pas la réalisation d'un programme. Florus a dit d'Annibal : *Quum victoria posset uti, frui maluit.* « Il pouvait se servir de la victoire, il aima mieux en jouir. » Espérons pour M. Dalou qu'il fera mentir Florus.

LA SCULPTURE

A L'EXPOSITION NATIONALE DE 1883

I

Il n'est pas d'institution plus éminement française que celle des Salons. S'il en était autrement, on aurait peine à s'expliquer le nombre et la vogue des expositions d'art en France.

A peine le Salon de 1883 était-il fermé, que le cercle de la place Vendôme, le cercle de la rue Volney, les galeries d'un célèbre marchand de tableaux s'ouvraient au public, qui ne négligeait point de se rendre à l'appel renouvelé des artistes et des amateurs.

L'une de ces expositions prenait le titre pompeux de « Salon des cent chefs-d'œuvre », et la critique, à l'ordinaire très-chatouilleuse sur ce mot de « chef-d'œuvre », acceptait sans mauvaise humeur qu'on la conviât à aller voir des ouvrages proclamés supérieurs du vivant des artistes qui les ont signés.

Ces Salons privés n'avaient pas encore épuisé l'attention générale que l'État ouvrait aux Champs-Élysées une exposition nouvelle, la seconde de l'année 1883, sous le titre d'Exposition nationale.

Le public, les étrangers surtout, ne se rendent pas un compte très-exact de l'idée maîtresse qui a présidé à l'ouverture de l'exposition dont nous avons à parler. Il est utile de préciser le caractère du nouveau Salon, et nous ne pouvons dire sa raison d'être sans remonter à l'origine des expositions de l'ancienne Académie royale de peinture.

C'est, en effet, l'Académie de peinture qui a fondé les Salons, et bien que les règles sagement posées par elle en 1673 — vous lisez bien, 1673 — aient reçu, depuis lors, de profondes atteintes, une sorte de courant emporte les esprits sérieux vers le règlement primitif; c'est à lui qu'on revient volontiers, c'est lui qu'on essaye d'appliquer, en dépit des innovateurs et des impatients.

Tout d'abord, quel était anciennement le promoteur des Salons? Un historien des choses d'art des derniers siècles, M. Guiffrey, va nous le dire :

« Par une marque de déférence, et aussi par un souvenir de l'intervention efficace de Colbert dans l'organisation des premières expositions académiques, le ministre chargé de la haute direction des Beaux-Arts est toujours cité comme le promoteur officiel du Salon. Après Colbert, après Mansard, lorsque la surintendance est supprimée, le directeur des Bâtiments hérite de la prérogative d'ordonner les expositions. Pendant tout le cours du dix-huitième siècle, on voit les différents personnages qui se succédèrent dans cette charge, le duc d'Antin, Orry, Le Normand de Tournehem, le marquis de Marigny, l'abbé Terray, et enfin le comte d'Angiviller, figurer en tête du livret comme ordonnateurs de chaque Salon. »

Ce que M. Guiffrey écrit au sujet des Salons du dernier siècle, il pourrait le dire des expositions postérieures à 1800. Ce n'est plus le directeur des bâtiments qui a l'initiative du Salon, mais c'est le directeur des Beaux-Arts. Sous l'Empire, c'était le surintendant des Beaux-Arts. Cet état de choses s'est perpétué jusqu'en 1880. Voilà donc bien établi le droit de l'État sur les Salons, sur leur périodicité, leur date d'ouverture, leur durée.

Reprenons le travail instructif de l'historien déjà cité :

« Le directeur des Bâtiments, sur l'avis du directeur ou du secrétaire de l'Académie, qui se chargent au besoin de rappeler au ministre la date prochaine du Salon, soumet au Roi la proposition d'exposer les œuvres des académiciens. Immédiatement après avoir obtenu l'autorisation du Souverain, il transmet au premier des officiers de la compagnie l'ordre de commencer les préparatifs. La date de l'ouverture est presque invariablement fixée au 25 août, jour de la fête du Roi. »

L'État et l'Académie sont les deux promoteurs du Salon. Ces deux pouvoirs se prêtent un mutuel concours. Il en sera ainsi jusqu'en 1880, et il ne paraît pas que cette entente ait nui aux intérêts de l'art ou des artistes, car c'est à l'aide de ce fonctionnement que plus de cent expositions ont été organisées, et plusieurs ont joui d'un éclat exceptionnel.

Depuis déjà trois années, l'État et l'Académie sont officiellement dessaisis de toute prérogative sur le Salon. Les artistes sont libres ! N'êtes-vous point tenté de crier : « Bravo ! » Songez donc ! les artistes libres ! La grande république des peintres, des sculpteurs, des architectes et des graveurs tournant à la démagogie la plus complète ! Quel succès !

De l'État, on n'attend plus que de l'argent et des décorations ; de l'Académie... on n'attend rien ! Comme cette attitude a de la grandeur, de la noblesse ! Comme on sent bien l'école française à tout jamais réhabilitée par l'incurie des gens qui ont fait ce beau coup !

Lorsque nous disons que, dans la situation actuelle,

l'Académie est plus déshéritée encore que l'État, il est aisé de s'en convaincre. A la vérité, l'Association des artistes libres a pour président actuel un membre de l'Académie des Beaux-Arts, M. Bailly; mais nous nous permettons de considérer la présence de l'honorable M. Bailly à la tête du comité directeur de l'Association comme un accident heureux.

Un accident n'a que sa durée.

Lorsqu'il s'agit de procéder à la nomination du jury, que voyons-nous? Ce sont les membres de l'Institut qui sont le plus discutés. Le suffrage universel en a peur : il les écartera tout à fait avant peu. Cela est dans l'ordre. La généralité des esprits — même parmi les artistes — est médiocre, et les médiocres n'aiment que la médiocrité. Nous sommes donc appelés à voir un jour les coteries les plus sottes veiller sur les urnes au secrétariat du Salon.

Je n'en serais pas absolument ému si les destinées de l'école française n'étaient en jeu dans ces joutes défectueuses que le public prend au sérieux. Il faut bien s'attendre à voir la presse marcher à la remorque des artistes « libres » dans leurs attaques contre l'Institut, le grand art, la peinture sévère, les œuvres renfermant une pensée et susceptibles de porter un enseignement. Il est donc de saine politique, dans l'intérêt de l'art français, de rendre à l'État et à l'Académie, ne fût-ce qu'à des intervalles plus ou moins rares, une suprématie dont il eût été plus sensé de ne pas les déposséder.

C'est de cette pensée qu'est né le Salon national. Il est la revanche de deux pouvoirs discutés dont les artistes ne veulent plus, ou presque plus. L'idée est tout à fait digne d'attention, et il serait regrettable que le Salon national, préparé par l'Académie des Beaux-Arts avec le concours de l'administration des Beaux-Arts, ne réussît pas, pour quelque motif que ce fût.

Le caractère de l'Exposition nationale, l'impression qui s'en dégage, ont été signalés par la presse parisienne avec autant d'unanimité que de courtoisie. Nous n'avons donc pas à insister sur l'absence d'intérêt que présente le Salon. Tout le monde est d'accord pour lui dénier l'attrait qui s'attache d'ordinaire aux expositions rétrospectives. Ce n'est pas seulement la section de peinture qui provoque l'esprit à porter un pareil jugement, on se sent encore plus enclin à le formuler en face des trois cents œuvres sculptées réunies au palais des Champs-Élysées.

Cependant, s'il est des frontières en deçà desquelles une exposition ne cesse pas d'être un Salon, ce sont bien celles que le jury d'admission a sagement respectées. Il y a plaisir à passer de longues heures au milieu d'œuvres de choix, disposées avec goût dans une vaste nef superbement décorée. La causerie devient possible. On observe, on juge, on compare, ce qui est chose malaisée au Salon libre de chaque année, où les ouvrages sont entassés pêle-mêle, où le médiocre domine et fixe l'attention juste assez pour la détourner de ce qui est exquis. Cette fois, la plupart des œuvres exposées ont une valeur sérieuse. Nous n'avons presque pas à nous défendre contre les surprises possibles des comédiens de l'école dont le gros rire ou les saillies font tourner la tête. En cherchant bien, il est vrai, nous trouverions encore, de ci de là, quelqu'un de ces personnages rôdant ; nous pourrions citer quelques ouvrages condamnables, furtivement entrés dans la galerie de sculpture. Mais nommer les artistes qui les ont produits, ce serait aider à leur réputation. Gardons-nous-en. Nous les lasserons bien vite en ne les nommant jamais.

Si donc le plus grand nombre des statues est digne

d'estime, si le nombre des ouvrages exposés n'a rien d'excessif, que manque-t-il à l'Exposition nationale pour emporter tous les suffrages? Une seule chose, la perspective. Nous sommes trop près des marbres et des bronzes placés sous nos yeux. La distance est une des conditions nécessaires à tout examen, distance dans l'espace ou distance dans la durée. Sans distance, pas de perspective. Or, certaines œuvres, telles que les *Premières Funérailles* de M. Barrias et le *Porte-falot* de M. Frémiet, exposées au mois de mai dernier, n'ont pas quitté la place qu'elles occupaient. Elles font de l'Exposition nationale la continuation du Salon libre. Évidemment, l'épreuve est décisive; l'État doit en prendre son parti, le Salon triennal a vécu. Il faudra bien une période de dix années entre chaque exposition rétrospective des beaux-arts, si l'on veut s'épargner l'échec d'aujourd'hui, et encore conviendrait-il d'écarter du Salon décennal les œuvres trop récentes. Il serait bon, par exemple, d'en éliminer les ouvrages exposés pendant les deux années qui auraient précédé sa date d'ouverture.

Sommes-nous d'accord sur la périodicité? la partie n'est pas gagnée. Que va dire la presse radicale si l'administration des Beaux-Arts se rend à l'évidence et décide qu'en 1893 — millésime d'une consonnance fâcheuse — il sera ouvert à Paris une exposition décennale? Vous n'y songez pas! L'institution doit être rejetée d'avance! N'est-ce pas, en effet, Napoléon 1er qui, en 1804, inaugura les prix décennaux? Or, comme il est du devoir de tout intransigeant de ne rien accepter des gouvernements dont on répudie la forme et l'esprit, il faut s'attendre à bien des clabauderies si l'on se propose dès maintenant de faire une exposition décennale!

Il y aurait toutefois une innovation heureuse à tenter

dans cet ordre. Nous souhaiterions que la France prît l'initiative d'expositions universelles des arts, et seulement des arts. Il y a longtemps qu'on se plaint de la concurrence déraisonnable que l'industrie fait à l'art dans les expositions universelles, désormais établies en Europe. Que l'on se rappelle les luttes soutenues par l'administration des Beaux-Arts, en 1878, contre M. Krantz, le commissaire général de l'Exposition. Que l'on se reporte aux péripéties qui ont marqué l'organisation deux fois laborieuse de la section toute française des *Portraits nationaux*, et l'on conviendra que l'art gagnerait à des expositions universelles, où l'espace ne lui serait plus disputé par l'industrie, où le pouvoir souverain ne serait pas aux mains d'un ingénieur ou d'un mécanicien trop peu soucieux, à l'ordinaire, de mettre en la place qui lui convient un portrait ou une page d'histoire. Il y aurait donc profit pour tous à ce que du Salon national d'aujourd'hui sortît une exposition universelle des beaux-arts, que l'on pourrait ouvrir à Paris tous les dix ans. La marche de l'art européen apparaîtrait ainsi dans son ensemble; un enseignement se dégagerait des galeries de peinture et de sculpture, et les prix décennaux, décernés dans de telles solennités, auraient aux yeux de tous une importance réelle.

II

M. Barrias : *Mozart enfant*. — M. Cavelier : *Gluck*.

Parcourir le Salon de sculpture est une fête pour l'esprit. Des tapisseries du Garde-meuble et des palais nationaux décorent les parois. Des vases de Sèvres ornent les pelouses du jardin d'hiver improvisé dans la grande nef du palais. De distance en distance ont été ménagés, sur le pourtour de la nef, des salons rayonnants, tapissés de draperies, et dont l'entrée est décorée de vastes tentures retenues sous des baldaquins aux crépines d'or. Tout, dans cette décoration, est somptueux, sévère et reposé. On ne pouvait donner une plus forte leçon aux artistes qui organisent depuis trois ans des expositions tapageuses, qu'on ne l'a fait en disposant toutes choses avec ordre, avec mesure et avec goût, au présent Salon.

Notre lecteur nous saura gré de ne lui rien dire ici des sculptures exposées, en cette même année 1883, au Salon libre. Il serait sans intérêt d'ajouter à ce qui a été dit sur leur compte. Nous parlerons plus volontiers des marbres exposés de 1878 à 1882, mais, avant toutes choses, il convient de signaler les compositions nouvelles, celles qui constituent l' « inédit » du Salon national.

Un fait caractéristique et bien digne d'être relevé à l'honneur de l'école française, c'est la tendance de nos sculpteurs vers l'art iconique. Faites un appel imprévu aux statuaires de France, demandez-leur de produire leur œuvre la plus récente, ils apporteront un buste. C'est la tête humaine qui est l'objet le plus constant de leur étude. Le labeur de tous se résume dans le portrait. Et combien difficile est la traduction de la vie qui rayonne sur le visage de l'homme, si l'on fait abstraction de la couleur! Une pierre monochrome et froide n'est certes pas favorable à l'expression du regard, au moelleux des chairs, au mouvement des lèvres, à la ténuité des cheveux ou des sourcils. N'importe, à l'exemple des maîtres de l'ancienne Rome, dont le ciseau robuste et savant s'était réfugié sur la tête humaine, tandis que les sculpteurs d'Athènes avaient demandé le secret de l'harmonie plastique, de la pondération des lignes, au corps entier de l'éphèbe, les sculpteurs français se sentent invinciblement attirés vers l'art iconique. C'est la personne, c'est l'individualité, c'est le « quelqu'un » qu'ils ont l'ambition d'immortaliser dans un marbre vivant.

Peut-être s'imagine-t-on que le sculpteur exécute un buste ou un médaillon, de préférence à toute autre composition, uniquement parce que le buste ou le médaillon ne sont pas des œuvres de longue haleine. Que l'on se détrompe. Observez les statuaires italiens. Comme ils recourent bien plus volontiers à la statuette, au sujet de genre qu'au portrait! Aussi, la comparaison entre les deux écoles d'Italie et de France est-elle, de l'aveu général, à notre avantage.

Toutes les sculptures nouvellement exposées aux Champs-Élysées le 15 septembre, à l'exception peut-être de cinq ou six œuvres, sont des bustes. Et encore, parmi les quelques statues qui se mêlent à ces bustes, faut-il remarquer celle de *Gluck*, par M. Cavelier, et le *Mozart enfant*, de M. Barrias, deux compositions que leur sujet rattache à l'art iconique.

On a fait un certain bruit autour du *Mozart enfant*. Ce n'est pas du grand art. Le style de cette figurine manque d'ampleur et de solidité; il y a de la lourdeur dans le vêtement, et la pose instable agace le regard au bout de quelques minutes; mais ce petit accordeur de violon, qu'on l'appelle Mozart ou Paganini, est destiné à prendre place sur la cheminée de tous les bourgeois du Marais. La maison Barbedienne en fera de nombreuses reproductions, et M. Barrias oubliera vite cette page hâtive pour revenir aux sujets élevés, longuement réfléchis, rendus avec cette virilité de ciseau qui est la note particulière du jeune maître.

Très-supérieure est la statue de *Gluck,* par M. Cavelier. C'est un marbre plein d'accent. Ce compositeur, drapé dans sa robe de chambre et assis, une partition sur le genou gauche, une plume dans la main droite, risquait de ressembler à tous les musiciens du monde. Quelques détails du costume reportaient l'esprit au siècle dernier, mais de tels indices étaient insuffisants. Il fallait autre chose pour que le spectateur nommât Gluck de préférence à tel de ses contemporains. M. Cavelier ne s'est pas soustrait aux obligations de l'art du portrait. Il a d'abord reproduit dans toute sa rudesse le visage robuste de l'auteur d'*Alceste;* mais qu'est-ce que le visage d'un homme disparu depuis cent ans? Qui donc l'a regardé? qui donc le connaît? L'histoire elle-même ne transmet aux générations successives que des notes rapides sur les traits mobiles et éphémères des hommes dont elle garde la mémoire. Il y avait donc mieux à faire, pour M. Cavelier, que de traduire dans son marbre fidèle les saillies et les méplats du visage de Gluck. Il fallait pénétrer dans le for intérieur de l'homme et graver avec le ciseau, sur une pierre inerte, le signe impérissable de son génie.

M. Cavelier s'est acquitté en maître de cette tâche toujours difficile.

Quiconque est initié à l'histoire de la musique sait la part qui revient à Gluck dans la transformation de l'opéra. Musicien philosophe, à l'exemple de Rameau, Gluck ne découvre sa véritable vocation que vers l'âge de quarante-quatre ans; mais combien est profonde la réforme qu'il médite! combien est nette l'exposition de son plan! Tout le monde a lu l'*Épître dédicatoire* d'*Alceste*, véritable manuel du compositeur de nos jours. Tout le monde sait avec quel énergique bon sens Gluck a résumé sa doctrine en quelques lignes et livré sans réticence le secret de sa force et de son individualité dans l'école. « Lorsque j'entrepris, écrit-il, de mettre en musique l'opéra d'*Alceste*, je cherchai à réduire la musique à sa véritable fonction, celle de seconder la poésie pour fortifier l'expression des sentiments et l'intérêt des situations, sans interrompre l'action et la refroidir par des ornements superflus; je crus que la musique devait ajouter à la poésie ce qu'ajoutent à un dessin correct et bien composé la vivacité des couleurs et l'accord heureux des lumières et des ombres qui servent à animer les figures sans en altérer les contours. » Et l'écrivain de poursuivre, dans cette langue poétique et châtiée qui est elle-même une musique pleine de persuasion, et le philosophe de déduire les principes sur lesquels doit reposer après lui le drame lyrique. Mais il va de soi que tout novateur essuie la contradiction. Nulle réforme n'a lieu sans lutte. Gluck reprendra la plume pour écrire une épître-programme en tête de l'opéra de *Pâris et Hélène*. Cette fois, on sentira l'irritation de l'homme convaincu; l'âpreté du style trahira les révoltes de la pensée. Tel est Gluck, et c'est bien l'image de Gluck que M. Cavelier a su rendre dans le torse droit et ferme, le visage animé, les traits pleins de heurts, le désordre de la chevelure, le mouvement du bras, les crispations de la main. Gluck n'est pas le compositeur banal écoutant chanter la muse et recueillant les accords qu'elle lui dicte. C'est le philosophe, le théoricien, le révolutionnaire, et le marbre hardi sans emphase, nerveux sans boursouflure, que M. Cavelier vient de consacrer à l'auteur d'*Armide* et d'*Iphigénie* rappelle la personnalité sévère de Gluck. Il n'y a pas jusqu'au masque ravagé de cet homme jeune encore qui ne soit la marque des méditations laborieuses du novateur. A ses pieds, un violoncelle habilement dissimulé sous le fauteuil nous est la preuve que l'artiste n'a voulu rien négliger pour rendre son marbre intelligible, et s'il y avait lieu de décerner une médaille d'honneur à l'issue de l'Exposition nationale, c'est à la statue de Gluck qu'il conviendrait de l'attribuer dans la section de sculpture.

III

M. Etex : *Daphnis et Chloé*. — M. de Saint-Vidal : le *Sommeil*. — M. Lanson : la *Résurrection*; *M. le vicomte Delaborde*. — M. Soldi : *M. Chevreul*. — M. Falguière : *le Cardinal de Bonnechose; Madame Léonide Leblanc*. — M. Mouly : le *Docteur Bouchut*; *M. Maurice B.* — M. Morice : *Portrait de M. C. M*.

M. Etex n'a pas bien lu le roman de Longus. *Daphnis et Chloé* n'ont jamais été vus, fût-ce par les nymphes des bois, dans la situation singulière où les représente le sculpteur. Nous soupçonnons M. Etex d'avoir composé sans but un groupe de deux personnages auquel il a précipitamment donné, après coup, un titre quelconque. Généralement, l'idée doit être la moelle du discours, et la forme humaine étant le verbe du statuaire, il ne messied pas qu'une idée vraie, juste, précède toute conception d'artiste.

M. de Saint-Vidal est l'auteur d'une figure endormie qu'il intitule : *le Sommeil*. Une ample draperie couvre le corps de la dormeuse, ne laissant voir que les extrémités. La tête nous a semblé petite; mais comme les paupières affaissées disent éloquemment la lassitude et le repos de cette jeune femme! Le bras droit, inerte, semblable au léger fût d'une colonne renversée, pose le long du corps. La main gauche est relevée sur la poitrine, et ses doigts fuselés se sont détendus pendant la sieste. Les deux pieds d'une élégance aristocratique, superposés, font songer à certaines figures funéraires de la Renaissance italienne. M. de Saint-Vidal est visiblement en progrès.

Nous avions peu goûté, au Salon de 1879, le haut relief *la Résurrection*, envoyé de Rome par M. Lanson. L'artiste replace cet ouvrage sous nos yeux. Nous n'en dirons rien. Mais en revanche, nous rendrons pleine justice au buste de *M. le vicomte Delaborde*, secrétaire perpétuel de l'Académie des beaux-arts. Visage imberbe, plein de caractère, imprégné de rectitude et de bonté. M. Lanson peut être fier de ce portrait.

On érige en principe aujourd'hui que les œuvres nouvelles doivent être savamment frustes. On se contente volontiers, en art comme en littérature, de construire sans orner. Le littérateur s'en tient au canevas, le sculpteur à la mise aux points. Allez voir le buste de *M. Chevreul*, par M. Soldi. Très-bonne ébauche. Je devine l'ossature, mais où est le fin sourire du savant? où est le rayonnement du front, de l'œil et des lèvres? Allons, monsieur Soldi, le paradoxe d'hier ne vaut pas la tradition. Est-ce que M. Falguière, membre de l'Institut, se serait laissé prendre au paradoxe? Le buste du *Cardinal de Bonnechose* a les traits passés et sans ressauts. On dirait que l'artiste a volontairement usé les reliefs de cette tête. Singulière façon d'accentuer le caractère, l'intensité de la vie, l'activité de la pensée triomphant de la vieillesse! A la vérité, M. Falguière a le ciseau trop souple pour ne pas se ressaisir et sculpter un marbre dans la plénitude des facultés d'artiste qui ont fait de lui l'un des maîtres de notre école. Le buste de *Madame Léonide Leblanc* manque de jeunesse, mais c'est le seul reproche qui sera fait à ce marbre savant. La pose de la tête et le mouvement des lèvres ont une nuance d'ironie que M. Falguière a su rendre à demi-mot; or, de telles nuances, en sculpture, témoignent, on le sait, chez l'artiste, d'une science consommée.

Le *Docteur Bouchut,* sous l'ébauchoir de M. Mouly, est

solennel et froid. M. Mouly s'entend mieux à rendre la grâce enfantine qu'à traiter les rides d'une maturité précoce. Son petit buste de *M. Maurice B...* est presque un chef-d'œuvre. La volonté naissante gravée dans la saillie du front, les lèvres dédaigneuses attestent la docilité du marbre lorsque M. Mouly, selon le mot bien connu, le traite « en ennemi qui lui cache son modèle ». Nous n'aurons également que des éloges pour le buste d'enfant que M. Morice a inscrit au livret sous le titre : *Portrait de C. M.* Ne serait-ce point le fils de l'artiste ?

IV

M. Carrier-Belleuse : *Victor Cousin*. — M. Iselin : *Claude Bernard*. M. Desca : *Un saint homme*. — M. Félon : *Gerson*. — M. Delaplanche : *Servandoni*. — Madame de Móntégut : *M. le comte de C.* — Madame Besnard : *Jeune fille*. — M. Guillaume : *Charles d'Almeïda*. — M. Leroux : le *Duc d'Audiffret-Pasquier*. — M. Crauk : *Jules Sandeau*. — M. Chapu : *M. Leroy-Beaulieu; Mademoiselle Tollu*.

M. Carrier-Belleuse n'a plus besoin de notre approbation, et sans doute notre blâme ne saurait l'atteindre. Nous n'hésiterons donc pas à dire que nous désapprouvons le ton réaliste du buste de *Victor Cousin*. Cette image n'est pas le portrait, mais bien la charge du philosophe français. *Claude Bernard* par M. Iselin est d'un style autrement noble et puissant. La tête pense. Les traits reposés, l'œil profond et vague de l'homme qui se plaît au regard intérieur imposent au spectateur. On se sent en face d'une intelligence en travail.

Un saint homme, par M. Desca, mérite d'être signalé. Certains accents naturalistes devraient être atténués, notamment dans les yeux du personnage; mais les mains jointes, la tête renversée et suppliante ont l'éloquence de la prière.

Quelques bustes historiques reportent l'esprit vers notre passé national. C'est celui de *Gerson*, destiné à la commune de Barby, dans les Ardennes, sculpté par M. Félon. Gerson porte un visage réfléchi, presque douloureux. L'illustre chancelier de l'Université, l'homme de bien dont Jean Sans peur fit piller la maison, et qui dut vivre deux longs mois caché sous les combles de Notre-Dame de Paris, revit dans le marbre grave et concis de M. Félon. L'architecte du portail de l'église Saint-Sulpice, *Servandoni*, est redevable à M. Delaplanche d'un portrait baigné de lumière et de puissance heureuse. Le brillant machiniste, l'artificier royal, l'inépuisable décorateur méritait l'hommage rayonnant qu'on lui décerne.

Deux femmes sculpteurs ont envoyé des œuvres à l'Exposition nationale. Madame de Montégut est l'auteur du buste en bronze du *Comte de C...* C'est une page modelée d'un doigt délibéré, sans faiblesse, sans mièvrerie; seule la teinte du bronze est criarde. Le portrait de *Jeune Fille* sculpté par madame Besnard est également une œuvre de mérite, mais il n'eût pas fallu la couler en bronze. Les carnations délicates s'accommodent difficilement des tons sourds de cette matière.

M. Guillaume, que son œuvre considérable a fait le doyen de l'école contemporaine, n'a qu'un portrait inédit à l'Exposition. C'est le buste de *Charles d'Almeïda*, fondateur de la Société de physique. Ce qui frappe au premier abord dans la tête de ce personnage, c'est le sourcil. Il est d'une proéminence singulière, mais n'a rien de choquant. L'œil est abrité sous cette retombée du front comme s'il était placé sous un portique. Un statuaire que M. Guillaume connaît bien a dit : « Dans les pays où la nature a accentué ses productions, le sourcil, ce fronton de l'œil, est noir pour qu'il soit vu de loin. C'est probablement pour cela que les statuaires grecs indiquaient si fortement l'os ou l'arête qui remplace le sourcil dans leurs ouvrages. Ils en accentuaient la forme et rendaient ainsi cette copie de la nature plus expressive; ils lui donnaient une vie morale. Je crois que tout ce qui est utile est accentué, et quand on accentue soi-même les beautés dans le sentiment de la nature, c'est alors qu'on est créateur. » N'en doutons pas, M. Guillaume, en sculptant le portrait de M. d'Almeïda, s'est souvenu des maîtres anciens, et nous sommes loin de songer à lui en faire un reproche. Le front sans rides qui appelle la lumière, certains plis du marbre, semblables à des jets de clarté autour de l'œil franchement ouvert, des tempes fermes, couronnées de légères touffes de cheveux, des lèvres mobiles, prêtes à se détendre, donnent à l'œuvre nouvelle de M. Guillaume un éclat et une distinction du plus grand charme.

M. Leroux est l'auteur d'un buste très-fin, très-délié, de M. le duc d'*Audiffret-Pasquier*. L'œuvre promet, mais ce n'est encore que le plâtre qui est devant nous : attendons le marbre. La bonhomie de *Jules Sandeau* n'a pas entièrement échappé à M. Crauck, qui a sculpté l'image de l'aimable romancier.

M. Chapu, l'auteur applaudi de tant d'œuvres tour à tour délicates ou viriles, expose les portraits de *M. Leroy-Beaulieu* et de *Mademoiselle Tollu*.

M. Leroy-Beaulieu, en costume de membre de l'Institut, a l'aspect réservé et songeur. L'œuvre est savante, correcte, distinguée, mais on dirait un portrait officiel. Combien nous préférons à ce premier buste celui de mademoiselle Tollu, une enfant aux petites joues bouffies, à la bouche imperceptible, au menton d'un galbe indécis et charmant, au front souple et bombé sans arêtes bien précises; bref, une mignonne tête qu'il était moins aisé de tirer d'un marbre réfractaire que de reproduire par le pastel! Ah! ce n'est pas cela qui trouble les hommes d'étude. Observez cette silhouette, voyez avec quelle liberté, quelle largesse M. Chapu a su distribuer la vie, le mouvement, la grâce, non-seulement sur les traits de son modèle, mais dans le nœud de cravate, dans la collerette brodée de la fillette d'après laquelle il a voulu sculpter un marbre de vrai style.

V

M. Van den Kerckhove : le *Métier des Armuriers*. — M. Cuypers : *l'Esclavage*.

Deux sculpteurs belges comptent des ouvrages au Salon, et l'un et l'autre ont fait admettre des œuvres qui n'avaient pas encore été exposées à Paris. Ce sont M. Jean Cuypers, de Louvain, et M. Godefroid Van den Kerckhove, d'Anvers, dont le nom nous remet en mémoire ce doux enfant de génie, le petit Fritz, auquel M. Adolphe Siret, de l'Académie royale de Belgique, a rendu justice avec une si durable intrépidité.

M. Van den Kerckhove a envoyé le modèle de la statue de bronze exécutée pour la ville de Bruxelles et représentant le *Métier des Armuriers*. Ce personnage nous a fait songer au chirurgien-barbier de M. Martens dont nous avons parlé plus haut. Il est bien l'évocation savante et naturelle d'un passé laborieux dont Bruxelles devait garder le souvenir. Il y a beaucoup d'aisance dans la pose de cet homme aux traits rudes, au costume sommaire, sans ornements, de cet ouvrier qui a son outil passé dans sa ceinture et qui essaye l'acier d'un fleuret. Il est à son métier, cet homme de labeur, et il ne s'inquiète guère de nous qui le regardons. Cette statue de M. Van den Kerckhove a plus de portée que le buste de *M. de Montebello* signalé par nous à l'époque du dernier Salon, et nous félicitons l'artiste de l'avoir exposée à Paris.

Le costume est changeant et transitoire, le nu est immuable comme la nature. M. Cuypers a voulu nous rappeler que le nu est la condition de l'art statuaire, et il a modelé une allégorie de l'*Esclavage*. C'est une jeune femme, dépouillée de ses vêtements, debout, les bras enchaînés à un tronc d'arbre. On devine du premier coup que l'arbre et les chaînes n'ont rien d'essentiel dans la composition de M. Cuypers. Evidemment, sa statue, très-étudiée, de belles formes, présentant des lignes dont l'ensemble ne manque ni d'originalité, ni d'harmonie, avait besoin d'un nom. L'artiste a songé qu'il pouvait, sans déplacer les bras, sans roidir le torse dont la pose abandonnée n'est pas sans grâce, entourer les mains de son personnage de deux légers anneaux auxquels se rattacherait une chaîne non moins légère qui s'enroulerait à un tronc d'arbre, et munie de ces accessoires, la statue de M. Cuypers pourrait s'appeler l'*Esclavage*. Parmi les études de nu, qui sont nombreuses au Salon, celle de M. Cuypers mérite d'être remarquée.

VII

M. Falguière : *Corneille; Saint Vincent de Paul; Diane.* — M. Marioton : *Benvenuto Cellini.* — M. Maximilien Bourgeois : *Guillaume Budé.* — M. Delorme : *Mercure.* — M. Allar : *la Mort d'Alceste.* — M. Guillaume : *Buloz.* — M. Chapu : *M. Barbedienne; Robert Desmares.* — M. Barrias : *Dufaure.* — M. Jules Thomas : *M. Bouguereau.* — M. Idrac : l'*Amour piqué; Salammbô.* — M. Delaplanche : la *Musique.* — M. de Saint-Marceaux : *Génie gardant le secret de la tombe; Arlequin; M. Ernest Renan.* — Feu Grasset : *Dédale et Icare.*

Notre tâche serait terminée si nous n'avions à dire brièvement l'impression que font naître certaines œuvres envoyées à des Salons précédents et réexposées aux Champs-Élysées en 1883. Le règlement ayant exigé que les ouvrages présentés au jury d'admission eussent été produits depuis cinq années au plus, nous revoyons des marbres dont le souvenir n'était pas encore complétement effacé. Le *Corneille*, de M. Falguière, le *Saint Vincent de Paul*, du même artiste, n'ont rien perdu de leur valeur. Ce sont des œuvres puissantes. M. Falguière paraît s'être reposé depuis qu'il les a produites. Sa *Diane*, exposée en 1882, est une erreur. M. Marioton décline. Le *Benvenuto Cellini*, du Salon de 1882, est sans contredit bien supérieur aux envois de l'artiste en 1883. *Guillaume Budé*, par M. Maximilien Bourgeois, nous fait toujours plaisir. C'est l'image vigoureuse de l'homme qualifié par Érasme « le prodige de la France ». Le *Mercure*, de M. Delorme, malgré sa tournure classique, est demeuré jeune. Tous nos éloges à M. Allar, dont le groupe *la Mort d'Alceste* est une page capitale.

Nous saluons au passage, comme des amis de la veille, *Buloz*, par M. Guillaume; *M. Barbedienne* et *Robert Desmares*, par M. Chapu; *Dufaure*, par M. Barrias; *M. Bouguereau*, par M. Thomas. Nous sourions à l'*Amour piqué* de M. Idrac, et la *Salammbô*, du même artiste, a gardé toute sa grâce légèrement affectée.

Trois œuvres que le temps n'a pas respectées, ce sont la *Musique*, de M. Delaplanche, le *Génie gardant le secret de la tombe,* et l'*Arlequin*, de M. de Saint-Marceaux. Le premier de ces marbres, en reparaissant sous la coupole du palais des Arts, après une absence de cinq années, semble absolument brutal. Le *Génie* et l'*Arlequin* ne sont que médiocres! Cependant M. Delaplanche, en 1878, et M. de Saint-Marceaux, l'année suivante, ont obtenu pour les œuvres qui nous choquent à plus d'un titre la médaille d'honneur. S'il s'agissait de leur décerner aujourd'hui cette haute récompense, ils ne l'obtiendraient certes pas. M. de Saint-Marceaux a été plus privilégié encore que M. Delaplanche. Le *Génie gardant le secret de la tombe* ayant remporté la médaille d'honneur, on jugea bon de décorer l'artiste lorsqu'il eut produit l'*Arlequin!* Nous n'avons rien à dire aux honneurs dont on gratifie un galant homme, et nous tenons pour tel M. de Saint-Marceaux; mais les deux œuvres qui lui ont valu sa renommée sont sans grand mérite. Il faut en dire autant du buste de *M. Ernest Renan*, par le même artiste. Ce n'est guère qu'une maquette.

N'y eût-il d'autre profit à attendre de l'Exposition rétrospective de 1883 que la constatation qui vient d'être faite, elle devrait suffire pour décider l'État à ouvrir régulièrement des expositions décennales. Combien d'œuvres que nous jugeons parfaites à l'heure présente, et qui auront vieilli d'un siècle en dix années!

Ne fermons pas ces pages sans nous arrêter devant la composition d'un jeune homme, Edmond Grasset, mort pensionnaire de la villa Médicis. *Dédale et Icare,* tel est le sujet traité par cet enthousiaste qui croyait être au seuil de la vie et que la mort attendait. Nous n'avons pu nous empêcher d'être ému en revoyant le vieux Dédale qui modère l'impatience d'Icare prêt à s'élancer dans l'espace. Avec quelle sollicitude le petit-fils d'Érechthée s'assure que les ailes d'Icare sont assez fortes pour le soutenir dans les airs! Vaine précaution! l'ardente jeunesse d'Icare doit le trahir. Il rêve d'atteindre aux plus hauts sommets, et c'est l'abîme qui le réclamera dès la première heure. Sans doute, en modelant d'un doigt amoureux et délicat le corps de cet éphèbe, Grasset y a soufflé toute son âme! Il souriait, le présomptueux! dans sa cellule de la villa Médicis, en songeant que ses camarades d'école, ses maîtres, ses juges, le reconnaîtraient sous l'image vaillante de ce jeune homme, ivre d'avenir, d'inconnu, de gloire! Hélas! la similitude entre le sort de l'artiste et celui de son héros ne devait être que trop frappante. Grasset a succombé avant le temps. Nous n'avons de lui qu'une promesse. Dieu ne lui a pas permis de tenir parole à la vie, mais du moins notre compatriote emporté sous le ciel de l'Italie, lorsqu'il avait à peine conquis le prix de Rome, est-il mort en lutteur couronné

TABLE DES AUTEURS

	Pages
ADAM (mademoiselle). — *Étude*	84
AIZELIN. — *Mignon*	25
— *Marguerite*	69
ALBANO. — *Méphistophélès*	25
— *Marguerite*	25, 26
ALBERT-LEFEUVRE. — *Barra*	34
— *Le Pain*	42
ALLAR. — *La Mort d'Alceste*	20, 120
ALLOUARD. — *Madame B. de la Barre*	87
ANTOKOLSKI. — *Pierre Ier*	30
— *M. P. S.*	58, 59
ASTANIÈRES (D'). — *Le Petit Curieux*	26
— *L'Espiègle*	44
— *Le Remords*	82
BARRIAS. — *Bernard Palissy*	28, 29
— *La Défense de Saint-Quentin*	46
— *Les Premières Funérailles*	89, 90
— *Mozart enfant*	108
— *Dufaure*	121
BERNHARDT (mademoiselle Sarah). — *M. Coquelin cadet*	37
BERTAUX (madame). — *Jeune Fille au bain*	42
BESNARD (madame). — *Jeune Fille*	115
BLEZER (DE). — *Portrait de M. Nozière*	34
BOISSEAU. — *Le Crépuscule*	67
BOURGEOIS (Maximilien). — *Guillaume Budé*	59, 60, 120
— — *M. Soitoux*	86
— — *Jeune Fille*	87
— — *Oscar de La Fayette*	87
CAIN. — *Lion et lionne se disputant un sanglier*	57
— *Rhinocéros attaqué par des tigres*	57
CALVI. — *Menestrello*	49
CAPELLARO. — *Daguerre*	86

TABLE DES AUTEURS.

Pages.

CAPTIER. — *Diane*.	23
— *Une fille d'Ève*.	54, 55
CARLÈS. — *La Jeunesse*.	81
CARLIER. — *L'Aveugle et le Paralytique*.	70
CARRIER-BELLEUSE. — *Victor Cousin*.	114
CAVELIER. — *Gluck*.	107, 108, 109, 110
CHAPLAIN. — *Gambetta*.	87
CHAPU. — *Duc*.	37, 38
— *Le Génie de l'Immortalité*.	46, 47
— *M. Leroy-Beaulieu*.	116
— *Mademoiselle Tollu*.	116, 117
— *M. Barbedienne*.	121
— *Robert Desmares*.	121
CHATROUSSE. — *Contemporaine*.	55
— *Madame Roland*.	55
— *Jeune Contemporaine*.	84
CHRÉTIEN. — *Guerrier forgeant son épée*.	85
CIZANCOURT (madame DE). — *Le Général de B****.	87
CORDONNIER. — *Salomé*.	24
— *Abel allant au sacrifice*.	52
— *Le Printemps*.	68
COUTAN. — *Éros*.	23
— *Porteuse de pain*.	52, 53
CRAUK. — *Le Général Faidherbe*.	91, 92
— *Jules Sandeau*.	116
CROISY. — *Le Nid*.	41, 42
— *Le Général Chanzy*.	92
CUYPERS. — *L'Esclavage*.	118, 119
DAILION. — *Le Réveil d'Adam*.	52
DALOU. — *La République*.	92, 93, 94
— *Séance du 23 juin 1789 aux États généraux*.	92, 94, 95, 96, 97
DAMPT. — *Saint Jean*.	23, 24
DARCQ. — *Vulcain*.	24
— *M. Houdoy*.	37
DE FEU. — *M. Carmoy fils*.	79
DEGEORGE. — *Hippolyte Flandrin*.	91
DELAPLANCHE. — *Auber*.	30, 31
— *L'Aurore*.	44
— *L'Ensommeillée*.	80
— *Servandoni*.	115
— *La Musique*.	121
DELHOMME. — *Jeune Gaulois préparant son arme*.	85
DELORME. — *Mercure*.	120
DELOYE. — *La Fortune*.	42
DESCA. — *Le Chasseur d'aigles*.	85
— *L'Ouragan*.	85

TABLE DES AUTEURS.

	Pages.
DESCA. — *Un saint homme*.	114
DESTREEZ. — *Adam-Salomon*.	86
DEVILLEZ. — *Diane*.	34
— *Salomé*.	78, 79
DILLENS. — *Portrait*.	34
— *Hermès*.	78
— *L'Étrurie*.	78
ETCHETO. — *François Villon*	29
ETEX. — *Daphnis et Chloé*.	111
FAGEL. — *Le Poëte mourant*.	52
— *Martyre de saint Denis*.	91
FALGUIÈRE. — *Mirabeau*.	31
— *Diane*	44, 120
— *L'Asie*.	80
— *Le Cardinal de Bonnechose*.	112
— *Madame Léonide Leblanc*.	112
— *Corneille*.	120
— *Saint Vincent de Paul*.	120
FÉLON. — *Gerson*.	114, 115
FOURQUET. — *La Voulzie*.	39, 40
FRANCESCHI (mademoiselle Marguerite). — *Madame P*.	88
— (mademoiselle Marie-Jeanne). — *Mademoiselle ****.	88
FRÉMIET. — *Stefan-al-Mare*.	58
— *Le Porte-falot*.	84
FRÈRE. — *Chanteur oriental*.	67
FRÉVILLE. — *Catherine II*.	57
GAUDEZ. — *Le Ciseleur*.	26
GAUTHERIN. — *Le Paradis perdu*	19
— *Le Réveil*	45
GAUTHIER (Charles). — *Fronton de l'Horloge de l'Hôtel de ville de Paris*.	48
— — *La Seine*.	85
— — *La Marne*.	85
GERMAIN. — *La Fée*.	80, 81
GÉRÔME. — *Anacréon, Bacchus et l'Amour*.	24
GHEEST (Maurice-David DE). — *Portrait de M. F. de V*.	35
GIEDROYC (le prince Michel). — *Le Prince Romuald Giedroyc*.	87
GOWER. — *Shakespeare*.	30
GRASSET (Edmond). — *Dédale et Icare*.	26, 27, 122
GROOT (DE). — *Le Travail*	35, 36
GUGLIELMO. — *Raoulx*.	49
— *Giotto*.	49
GUILBERT. — *Daphnis et Chloé*.	74
GUILLAUME (Eugène). — *Andromaque*.	20, 21
— — *Marc Séguin*.	37
— — *Castalie*.	72, 73, 74, 75

TABLE DES AUTEURS.

	Pages.
GUILLAUME (Eugène). — *Patin*	86
— — *Charles d'Almeïda*	115, 116
— — *Buloz*	121
HÉBERT. — *Rabelais*	64
HÉRAIN. — *Portrait de M. Tilman*	78
HINGLAISE. — *Chloé à la fontaine des Nymphes*	74
HIOLLE. — *Ève*	90
HUGUES. — *Femme jouant avec son enfant*	26
— *Œdipe à Colonne*	54
ICARD. — *Laurent Coster*	59
IDRAC. — *Salammbô*	21, 22, 43, 121
— *L'Amour piqué*	43, 121
INJALBERT. — *L'Amour président à l'hyménée*	43
— *Titan supportant le monde*	81, 82
— *Le Tibre*	82
ISELIN. — *Claude Bernard*	114
JOINDY. — *Le Printemps*	57
JOUANDOT. — *Victor Louis*	91
LAMBERT. — *Ève*	91
LANSON. — *L'Age de fer*	53
— *La Résurrection*	112
— *M. le vicomte Delaborde*	112
LE BOURG. — *Le Travail*	85
LE COINTE. — *Sedaine*	56
— *Nymphe de Diane aux écoutes*	57
LEMAIRE. — *Le Matin*	53, 54
LEROUX. — *Le Duc d'Audiffret-Pasquier*	116
LE ROY (Hippolyte). — *Portrait de M. Cabel*	78
— *Portrait de mademoiselle* ***	78
LEYSALLE. — *L'Avenir*	42
LOISON. — *Pigalle*	92
LOMBARD. — *Sainte Cécile*	73
LONGEPIED. — *L'Immortalité*	54
— *Labrouste*	86
LORMIER. — *Jacqueline Robins*	92
LOUIS-NOEL (Hubert). — *M. Gigoux*	56
— — *Portraits d'Enfants*	87
MADRASSI. — *Titania*	85
MALFATTI (Andrea). — *La Déception*	48
MANIGLIER. — *L'Armurier*	26
MARIOTON. — *Benvenuto Cellini*	120
MARIOTTI. — *Ganymède*	48
MARQUESTE. — *Suzanne*	52
— *Cupidon*	52, 67
MARTENS (Jean-Baptiste). — *L'Amour captif*	35
— — *L'Innocence*	76, 77, 78

TABLE DES AUTEURS.

	Pages.
Martens (Jean-Baptiste). — *La Coquetterie*	77, 78
Martin (Félix). — *Picard*	60, 61
— — *Orphée reperd pour toujours Eurydice*	82, 83
Mathieu-Meusnier. — *Mademoiselle Pauline B****	86
— — *Le Prince Romuald Giedroyc*	86
Mercié. — *Quand même!*	45, 46
Michel. — *L'Aveugle et le Paralytique*	70
Millet (Aimé). — *Don Adolfo Alsina*	29
— — *Tombeau de la princesse Christine de Montpensier*	29, 30
Mombur. — *Paysanne d'Auvergne*	40, 41
Montégut (madame de). — *M. le comte de C.*	115
Mora. — *M. Auguste Nicolas*	87
Morice. — *Portrait de M. C. M.*	113
Mouly. — *Le Docteur Bouchut*	112, 113
— *M. Maurice B.*	113
Noel (Tony). — *Uno avulso, non deficit alter*	68
Ogé. — *Virginie*	68
Oliva. — *Eugène Chevreul*	86
Ottin. — *Campaspe*	91
Oudiné. — *Ingres*	91
Pandiani (Constantin). — *La Pêche*	48
— — *La Sollicitude maternelle*	48
Paris. — *Le Temps et la Chanson*	53
Pereda (Raymondo). — *Le Bonnet de la grand'mère*	49
Pilet. — *Bethsabée*	23, 91
— *Amphitrite*	45
Pozzi. — *Lord Byron*	49, 50
Prouha. — *Passage de Vénus*	84
Ramazzotti. — *La Modestie*	48
Rigaldi (Camillo). — *Mozart mourant*	49
Roger. — *La Muse d'Alfred de Musset*	26
Roulleau. — *Carnot*	58
Rubin (Augustin). — *Philippe de Girard*	87
Saint-Marceaux (de). — *Génie gardant le secret de la tombe*	121
— *Arlequin*	121
— *M. Ernest Renan*	121
Saint-Vidal (de). — *La Nuit*	83
— *Le Sommeil*	111
Schroeder. — *Rude*	31
— *M. Got*	86
— *M. Delaunay*	86
Soldi. — *M. Chevreul*	112
Sollier. — *Le Chancelier Michel de l'Hospital*	32
Suchetet. — *Biblis changée en source*	67
Susillo. — *Le Balcon andalou*	71
Thoinet. — *L'Enfant prodigue*	26

TABLE DES AUTEURS.

	Pages.
THOMAS (Jules). — *M. Abadie*	37
— — *La Bruyère*	64
— — *Le Baron Taylor*	92
— — *M. Bouguereau*	121
THOMAS (mademoiselle). — *Chasseur et Braconnier*	57
— — *En vedette*	84
— — *M. Labiche*	87
TOURGUENEFF. — *Roulier*	84
TRUFFOT. — *Amazone libyenne*	85
TURCAN. — *L'Aveugle et le Paralytique*	70, 71
VALERIE (mademoiselle). — *Beethoven*	87
VAN DEN KERCKHOVE. — *M. de Montebello*	79
— *Le Métier des Armuriers*	118
VASSELOT (MARQUET DE). — *Le Matin*	24
— — *Le Soir*	24
VAUDET. — *Timidité*	57
VAURÉAL (DE). — *Persée*	80
VERCY (DE). — *La Fiancée*	44
— *Madame A. B.*	87

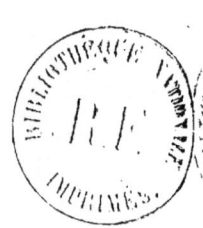

PARIS. — TYPOGRAPHIE DE E. PLON, NOURRIT ET Cie, RUE GARANCIÈRE, 8.

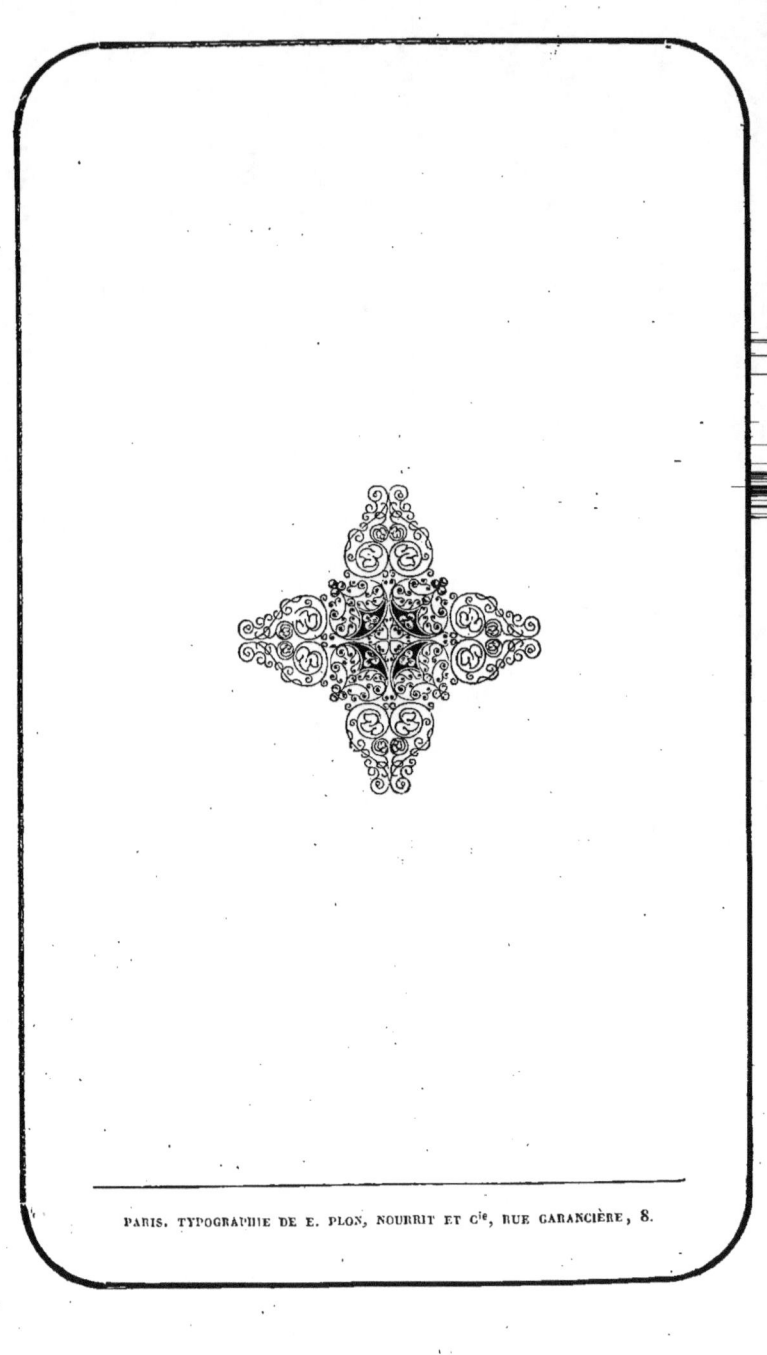

PARIS. TYPOGRAPHIE DE E. PLON, NOURRIT ET Cie, RUE GARANCIÈRE, 8.